TEMPO, DIREITO E CONSTITUIÇÃO
REFLEXOS NA PRESTAÇÃO JURISDICIONAL DO ESTADO

Coleção **Estado e Constituição**

Organizadores
José Luis Bolzan de Morais
Lenio Luiz Streck

Conselho Editorial
José Luis Bolzan de Morais
Lenio Luiz Streck
Rogério Gesta Leal
Leonel Severo Rocha
Ingo Wolfgang Sarlet
André Copetti

Conselho Consultivo
Andre-Jean Arnaud
Wanda Maria de Lemos Capeller
Jorge Miranda
Michele Carducci

S747t   Spengler, Fabiana Marion
         Tempo, direito e constituição: reflexos na prestação jurisdicional do Estado / Fabiana Marion Spengler. – Porto Alegre: Livraria do Advogado Editora, 2008.
         91p.; 21 cm. – (Estado e Constituição; 8)
         ISBN 978-85-7348-580-6

         1.Teoria do direito. 2.Filosofia do direito. I. Título.

CDU – 340.12

Índices para o catálogo sistemático
Filosofia do direito   340.12
Teoria do direito   340.12

(Bibliotecária responsável: Marta Roberto, CRB-10/652)

Estado e Constituição – 8

FABIANA MARION SPENGLER

TEMPO, DIREITO E CONSTITUIÇÃO

REFLEXOS NA PRESTAÇÃO JURISDICIONAL DO ESTADO

Porto Alegre, 2008

© Fabiana Marion Spengler, 2008

Capa, projeto gráfico e diagramação
Livraria do Advogado Editora

Revisão
Rosane Marques Borba

Direitos desta edição reservados por
Livraria do Advogado Editora Ltda.
Rua Riachuelo, 1338
90010-273 Porto Alegre RS
Fone/fax: 0800-51-7522
editora@livrariadoadvogado.com.br
www.doadvogado.com.br

Impresso no Brasil / Printed in Brazil

"... é aquilo que passa quando nada se passa; é aquilo que faz com que tudo se faça ou se desfaça; é a ordem das coisas que se sucedem; é o devir em permanente devir; ou, com alguma graça, que é o meio mais cômodo que a natureza encontrou para que não aconteça tudo de uma só vez. Mas nenhuma destas expressões em forma de pirueta dá conta da natureza e da integridade do tempo. A dificuldade advém do facto de não se poder falar dele sem falar *também* de tudo o resto. O tempo não é uma parte isolada do pensamento. Nunca se desnuda ..."

Étienne Klein
(*O tempo*, 1995)

Nota da organização

Mais um trabalho inovador vem a público nesta Coleção. Com isso, vamos trazendo à crítica acadêmica um conjunto de reflexões que nascem do trabalho de pesquisa de jovens professores que se dedicam a pensar o direito em suas circunstâncias contemporâneas.

É o caso do livro da Profa. Dra. Fabiana Spengler. Aqui repercute uma parcela do resultado das atividades de doutoramento da pesquisadora, realizado no PPGD/UNISINOS, com a orientação do Prof. Dr. José Luis Bolzan de Morais.

Fruto da crítica profunda e do labor diário da pesquisadora, esta obra ainda traz as marcas do estágio de doutoramento realizado pela mesma junto à Universidade de Roma Tre – Itália.

Nele a autora discute questões que pautam o universo jurídico atual, sobretudo para aqueles que se questionam acerca da própria instrumentalidade do direito como mecanismo para a construção democrática da sociedade.

Por isso a questão do tempo, ou da temporalidade doe no direito, traz um conjunto de dificuldades que precisam ser pensadas no bojo de sua própria construção. No caso brasileiro, este tema tem sido recorrente, em particular após a EC n 45, que trouxe a razoável duração do processo para o olho do furacão, transformando-a em direito fundamental, patrimônio da cidadania.

Assim, pensar o tempo ganha centralidade para o direito. E, com isso, pensar os mecanismos de tratamento de conflitos acaba por ser uma conseqüência lógica.

É isso que faz a Autora. E com grande maestria, atualidade e referencial teórico de primeira linha.

E, sendo o tempo, como dito na Introdução deste trabalho, algo que não se pode *ver, tocar, ouvir, saborear e nem respirar*, constitui-se como uma construção simbólica da realidade, produzindo subjetividades, constituindo o próprio *ser do homem*. De há muito, uma leitura transdisciplinar tem feito o tempo de objeto de estudo e, com isso, contribuído para entendermos melhor as condições de vida social da humanidade. Algo como José Luis Bolzan de Morais fez em seu *A Subjetividade do Tempo. Perspectivas transdisciplinares do direito e da democracia*, publicado por esta editora.

Agora, o tempo vem de novo à tona sob outras perspectivas. Aqui ele vem vinculado, como dito acima, ao problema do tratamento de conflitos em um contexto social de alta complexidade. E este é um assunto que merece reflexão.

A construção democrática da sociedade não tem como fugir de tal questionamento.

E, na especificidade, a mediação tem sido objeto de revigoramento, fazendo-se perceber como um instrumento qualificado para viabilizar um nova cultura social, alicerçada na construção pacífica de respostas aos conflitos que constituem o convívio humano.

Por isso, a Coleção Estado e Constituição abre espaço para que se instigue o pensar a respeito do tema, propondo, com este trabalho, uma leitura sofisticada e, ao mesmo tempo, prazerosa.

Novamente, para finalizar, reiteramos: permanecemos receptivos ao diálogo com novas leituras que busquem recuperar ou abrir caminhos para a compreensão do fenômeno do papel do Estado e do Direito no bojo de uma sociedade que se fragmenta e que traz cotidianamente novas perplexidades.

Porto Alegre, junho de 2008.

Organizadores

Sumário

Introdução 11

1. Do moderno ao hipermoderno: a aceleração temporal e a secularização do poder fruto de uma nova temporalidade social 17

2. A instituição jurídica da sociedade e o seqüestro da temporalidade: a temporalização do tempo e a instituição do Direito 27

3. A Emenda Constitucional 45 e a efetividade quantitativa x efetividade qualitativa: a justiça deve optar? 41

4. O tempo e as dificuldades de contar o Direito: a refiguração da experiência temporal através da narrativa 53

5. O "tempo da jurisdição" e o "tempo da mediação": a(s) verdade(s) conflitiva(s) e o seu tratamento 63

6. A reinvenção democrática do tempo: uma nova temporalidade frente à complexidade social 77

Referências 87

Introdução

O que é o tempo? Como medi-lo? Como defini-lo? São questões que se colocam e para as quais encontramos respostas, mas não sem antes mergulhar na dúvida para nela continuar envolto, incerto de que o respondido oferece realmente consistência. De fato, Santo Agostinho já dizia que deixava de saber o que ele significava ao ser questionado a seu respeito.[1] No decorrer da história, inclusive as ações utilizadas para medir o tempo – enquanto expressões da linguagem humana – sofreram alterações (desde contá-lo, percebê-lo, concebê-lo até computá-lo).

Numa tentativa de definição da temporalidade tal como a conhecemos hoje, poder-se-ia dizer que a palavra "tempo" designa, simbolicamente, a relação que um grupo de seres vivos dotados de uma capacidade biológica de memória e de síntese que se estabelece entre dois ou mais processos, um dos quais é padronizado para servir aos outros como quadro de referência e padrão de medida. Tomando por base tal definição, pecebe-se que as relações temporais se instituem em diversos níveis, de

---

[1] Que é, pois, o tempo? Quem poderá explicá-lo clara e brevemente? Quem poderá apreender, mesmo só com o pensamento, para depois traduzir por palavras o seu conceito? E que assunto familiar e mais batido nas nossas conversas que o tempo? Quando dele falamos, compreendemos o que dizemos. Compreendemos também o que dizem quando dele nos falam. O que é, por conseguinte, o tempo? Se ninguém mo perguntar, eu sei; se o quiser explicar a quem me fizer a pergunta, já não sei. Porém, atrevo-me a declarar, sem receio de contestação, que, se nada sobreviesse, não haveria tempo futuro, e se agora nada houvesse, não existiria tempo presente (SANTO AGOSTINHO. *Confissões*. Traduzido por S. J. J. Oliveira Santos, e S. J. A. Ambrósio Pina. São Paulo: Nova Cultural, 1996, p. 322. (Os pensadores).

múltiplas complexidades.[2] Nestes termos, permanece a dúvida: como fazer para instituir esse quadro de referência temporal?

Por mais que os físicos se esforcem em construir fórmulas que possibilitem fazê-lo, o tempo não se deixa ver, tocar, ouvir, saborear e nem respirar. Nesses termos, como medir algo que não se pode perceber pelos sentidos? Uma hora é algo invisível. Mas e os relógios? Eles não medem o tempo? Se eles permitem medir alguma coisa, não é o tempo invisível, mas algo que pode ser captado como a duração de um dia ou de uma noite de trabalho ou a velocidade de um corredor. Nesse sentido, os relógios são criados para exercer, socialmente, a mesma função dos fenômenos naturais: oferecer orientação ao homem. Com esse processo, harmonizam comportamentos de uns para com os outros, adaptando-os à vida terrena.[3]

Mas por que os homens precisam determinar o tempo? Para definir posições e trajetórias que se apresentam sucessivamente e, nesse caso, precisam de uma segunda sucessão de acontecimentos em que as mudanças individuais, obedecendo à lei da irreversibilidade, sejam marcadas pelo reaparecimento de certos modelos seqüenciais. Essas seqüências, por sua vez, são perceptíveis em si e relacioná-las representa uma das elaborações do perceber humano. Isso encontra expressão em um símbolo social comunicável: a idéia de "tempo", a qual, no interior de uma sociedade, permite transmitir de um ser humano para o outro imagens mnêmicas[4] que dão lugar a uma experiência, mas que não podem ser percebidas pelos sentidos não-perceptivos.[5]

---

[2] ELIAS, Norbert. *Sobre o tempo*. Traduzido por Vera Ribeiro. Rio de Janeiro: Jorge Zahar, 1998, p. 39-40.

[3] Ibidem, p. 8.

Importa referir que durante a longa história do desenvolvimento das sociedades humanas, os sacerdotes sempre foram os primeiros especialistas da determinação ativa do tempo. Numa fase posterior, quando surgiram as sociedades-Estados, mais vastas e mais complexas, os sacerdotes passaram, de um modo geral, a dividir com as autoridades leigas a função de fixação do momento das grandes atividades sociais e, em muitos casos, essa partilha deu margem a tensões múltiplas. Depois, quando a luta entre sacerdotes e reis pela supremacia deu vantagem a estes últimos, o estabelecimento do calendário tornou-se, tal como a cunhagem da moeda, um monopólio do Estado (Ibidem, p. 45).

[4] As imagens mnêmicas são aquelas relativas à memória, que se coadunam conforme os seus preceitos e que são fáceis de conservar.

[5] ELIAS, op. cit., p. 13.

Essa percepção/determinação do tempo nada mais é do que a sua instituição.

Não obstante a instituição temporal, o tempo pode ser definido como um ponto de encontro para questões transdisciplinares, mas não se pode fugir do fato de que a "sensação do passar do tempo" tem importância central para os sentimentos de consciência. Tem-se sempre a sensação de estar avançando no tempo, partindo de um passado definido para um futuro incerto. Quanto ao passado cerrado, fechado, vivido, nada mais se poderá fazer. É imutável e, num certo sentido, ainda existe "lá fora". O seu conhecimento vem dos nossos registros, da memória e das deduções de modo que não se impõem dúvidas quanto à sua *realidade*. O futuro, por outro lado, ainda parece indeterminado, podendo ser uma coisa ou outra. Quem sabe uma "escolha" fixada por leis físicas ou em parte pelas nossas próprias decisões, mas, indubitavelmente é algo que ainda está por ser feito. Muitas vezes parece ser construído de *potencialidades*. À medida que vamos percebendo, conscientemente, o passar do tempo, a parte mais imediata desse vasto futuro, aparentemente indeterminado, vai se tornando realidade e entrando para o passado fixo. Por isso, muitas vezes o homem experiencia a sensação de ser responsável por ter influenciado, de alguma forma, a escolha de determinado futuro potencial que, de fato, é realizada e se torna permanente no passado. Mas, na maioria das vezes, a humanidade se sente expectadora impotente – muitas vezes grata por ter sido privada da responsabilidade da escolha – enquanto, inexoravelmente, o âmbito do passado determinado vai avançando para um futuro incerto.[6]

Neste livro, o que se pretende é discutir o tempo a partir de uma concepção que o determine como algo que seja "a sucessão contínua de instantes nos quais se desenvolvem eventos e variações das coisas".[7] Pretende-se investigar a importância dessa sucessão de instantes para o Direito, especificamente quanto à sua instituição, sem a abordagem sistêmica experienciada por alguns

---

[6] PENROSE, Roger. *A mente nova do rei*: computadores, mentes e as leis da física. Traduzido por Waltensir Dutra. Rio de Janeiro: Campus, 1991, p. 335-336.

[7] ROCHA, Leonel Severo. Tempo. In: BARRETO, Vicente de Paulo. *Dicionário de filosofia do direito*. São Leopoldo – RS, Rio de Janeiro – RJ: Editora Unisinos/Renovar: 2005, p. 800.

autores[8] que, não obstante importante, não é o viés do presente trabalho. Utilizar-se-á como fio condutor da discussão (não obstante não ser o único) a obra de François Ost, especialmente "O tempo do direito" e "Contar a lei", além de outros autores cuja discussão permeia tais textos ou partilham dos mesmos posicionamentos.

Desse modo, primeiramente serão abordadas as questões inerentes ao tempo e à modernidade, partindo da fragmentação e mutliplicação das noções de temporalidade para debater, de modo especial, a constituição de um tempo dito moderno, subjugado à máquina e idealizado pela ética protestante que previa a necessidade de trabalhadores submissos para o desempenho de tarefas mecânicas e pouco criativas. De fato, a criatividade tornou-se ausente na vida do cidadão de modo que inclusive seu ócio, não obstante protegido e institucionalizado, se tornou mecânico, racional e pouco prazeroso.

Posteriormente, a discussão interliga tempo e Direito demonstrando como ambos se instituem e apontando para quatro categorias tão normativas quanto temporais: a memória, o perdão, a promessa e o requestionamento. O tempo se constrói e literalmente se temporaliza através da sua instituição social cujo acontecimento principal é obra do Direito e, nesse interregno, liga o passado através da memória e o desliga por meio do perdão, compromete o futuro com a promessa e o desliga mediante o requestionamento.

Adiante, o tempo do processo e seus rituais serão examinados, como tempos contínuos, porém não ordinários, que muitas vezes se traduzem na expressão "morosidade". Nesse sentido, a Emenda Constitucional 45/2004 (EC/45) será abordada, especialmente no que tange à discussão quanto ao tempo processual, uma vez que prevê a razoável duração do processo, seja no âmbito administrativo ou judicial, como meio de alcançar uma justiça mais célere. A discussão permeia a prestação jurisdicional,

---

[8] Ver LUHMANN, Niklas. *Sociologia do direito I e II*. Traduzido por Gustavo Bayer. Rio de Janeiro: Tempo Brasileiro, 1983; PINTO, Cristiano Paixão Araújo. *Modernidade, tempo e direito*. Belo Horizonte: Del Rey, 2002; GIORGI, Raffaele de. *Tempo, direito e memória*. Traduzido por Guilherme Leite Gonçalves. São Paulo: Quartier Latin do Brasil, 2006.

observando que a aceleração quantitativa nem sempre significa a melhoria qualitativa.[9]

Nesse contexto, a narrativa se introduz como técnica processual que pode reconfigurar o tempo através de um Direito contado, cujas influências são benéficas para os juristas e cujas relações e possibilidades encontram-se disseminadas nos horizontes acadêmicos. Desse modo, ela se torna um instrumento não necessariamente utilizado para resolver problemas, mas para encontrá-los e discuti-los. Assim, a narrativa se diferencia do Direito porque pertence ao fantástico, mas oferece a ele a oportunidade de reconstrução a partir da fuga da subsunção dos fatos à norma.

Nesse interregno, o "tempo do processo" e o "tempo da mediação" serão discutidos numa perspectiva que considere as práticas diferenciadas de cada um e principalmente o fato de que "cada mediação é diferente e pede não somente tempo, mas um tempo próprio, diferente de uma outra mediação, com seu ritmo próprio. É justamente a arte do mediador de saber compor com o tempo, de fazer com que a mediação tenha êxito graças ao tempo".[10]

Então, passado, presente e futuro, Direito e sociedade, processo, narrativa e constituição serão temporalidades/categorias revisitadas nesse contexto, uma vez que se identificam com a substância originária do Direito e com a substância íntima do homem. Levando em consideração que "sem a temporalidade, o direito careceria de significado",[11] esse é, pois, o livro que agora se apresenta.

---

[9] É importante ressaltar que a Emenda Constitucional 45 será analisada somente quanto a esse aspecto, uma vez que, por possuir um texto vasto e polêmico, uma abordagem mais profunda não seria possível no presente texto dadas as limitações de espaço e tempo. Desse modo, abordar-se-á apenas a razoável duração do processo por ser assunto correlato ao tema aqui discutido.

[10] SIX, Jean François. *Dinâmica da mediação*. Traduzido por Giselle Groeninga de Almeida, Águida Arruda Barbosa e Eliana Riberti Nazareth. Belo Horizonte: Del Rey, 2001, p. 148.

[11] CARNELLI, Lorenzo. *Tiempo y derecho*. Buenos Aires: Lavalle, 1952, p. 188.

1. Do moderno ao hipermoderno: a aceleração temporal e a secularização[12] do poder fruto de uma nova temporalidade social

A modernidade[13] se descortina com novos e inusitados desafios que nascem frente às principais instigações teórico-

---

[12] O conceito de secularização constitui um exemplo clamoroso de metamorfose de um vocábulo específico em uma das principais palavras-chave da era contemporânea. Surgida originariamente como termo técnico no âmbito do direito canônico (*saecularisatio*: de *saecularis, saeculum*), a expressão conheceu, no curso dos últimos dois séculos, uma extraordinária extensão semântica: primeiramente, no campo político-jurídico; depois no campo da filosofia (e teologia) da história, enfim, ao campo da ética e da sociologia. Através desses deslocamentos e ampliações de significado, ela ascendeu gradualmente ao *status* de categoria genealógica capaz de sintetizar ou expressar unitariamente o desenvolvimento histórico da sociedade ocidental moderna, a partir de suas raízes (judaico-) cristãs (MARRAMAO, Giacomo. *Céu e terra*. Genealogia e secularização. Traduzido por Guilherme Alberto Gomez de Andrade. São Paulo: UNESP, 1997, p. 15).

[13] Marshall Berman ressalta que a história da modernidade pode ser dividida em três fases: a primeira, que inicia no século XVI até o final do século XVIII, é aquela na qual as pessoas estão começando apenas a experimentar a vida moderna; mal fazem idéia do que as atingiu. Elas tateiam desesperadamente, mas em estado de semicegueira, no encalço de um vocabulário adequado, têm pouco ou nenhum senso do público ou de uma comunidade moderna dentro da qual seus julgamentos e esperanças pudessem ser compartilhados. A segunda fase começa com a onda revolucionária de 1870. Com a Revolução Francesa ganha vida, de maneira abrupta e dramática, um grande e moderno público. Esse público partilha o sentimento de viver em uma era revolucionária que desencadeia explosivas convulsões em todos os níveis de vida pessoal, social e política. Ao mesmo tempo, o público moderno do século XIX ainda se lembra do que é viver, material e espiritualmente, em um mundo que não chega a ser moderno por inteiro. É nessa dicotomia que emerge a idéia de modernos e de modernização. Na terceira fase, já no século XX, o processo de modernização se expande a ponto de abarcar virtualmente o mundo todo, e a cultura mundial do modernismo em desenvolvimento atinge espetaculares triunfos na arte e no pensamento. Mas, à medida que se estende, o público moderno se multiplica em uma multidão de fragmentos que falam linguagens confidenciais, a idéia de modernidade

científicas a respeito de grandes temas. Um desses desafios diz respeito justamente à semântica do conceito de tempo e dos vários desdobramentos advindos de suas mais variadas dimensões: histórica, estrutural, política, econômica, dentre outras. É nesse emaranhado de dimensões temporais que percebemos que a palavra "tempo" suscita inúmeras interpretações e pode ensejar inúmeras discussões: cotidianamente, fala-se da "falta de tempo", de "perder tempo", de "dar um tempo". Cientificamente, fala-se de "espaço-tempo", de "mecânica quântica", de "tempo cosmológico" e de "tempo fenomenológico", de "tempo linear e circular".[14] Finalmente, o tempo pode ser motivo para entabular uma simples conversa de rotina ou servir de pano de fundo para uma acalorada discussão acadêmica.

De fato, a fragmentação e a proliferação das diversas noções de tempo que hoje possuímos determinam as suas atuais concepções históricas e o seu significado ambíguo na época moderna, precisamente quanto a esta, sob o impulso de sua própria dinâmica. Tais contingências determinam o nascimento de tempos distintos e possivelmente irredutíveis entre si. Anteriormente, o tempo tinha de ser necessariamente diferente para o crente e para o cético, para o senhor e para o criado, para o burguês e para o lavrador. Mas a situação se complica com a combinação de tempos artificiais produzidos pela tecnologia com os ritmos de vida das pessoas, de modo que a produção industrial quebrou a percepção das estações e o ritmo do ano. A automatização e a robotização da empresa romperam, por sua vez, o tempo tradicional, fazendo surgir cisões como aquela reservada ao ócio do trabalho.[15]

O que se experiencia, então, é uma aceleração temporal que aproxima o presente do futuro, conferindo-lhe uma densi-

---

perde muito da sua nitidez, ressonância e profundidade, perde a capacidade de organizar e dar sentido à vida das pessoas. Por isso, encontramos uma era moderna que perdeu contato com as raízes da sua própria modernidade (BERMAN, Marshall. *Tudo o que é sólido se desmancha no ar*. A aventura da modernidade. Traduzido por Carlos Felipe Moisés e Ana Maria L. Ioriatti. 2. ed. São Paulo: Companhia das Letras, 1986, p. 16-17).

[14] Sobre as diversas noções de tempo, é importante a leitura de REIS, José Carlos. *Tempo, história e evasão*. Campinas: Papirus, 1994; COURTINE, Jean-François. *A tragédia e o tempo da história*. Traduzido por Heloisa B. S. Rocha. São Paulo: Ed. 34, 2006; PIETTRE Bernand. *Philosophie et science du temps*. Paris: Presses Universitaries de France, 1994.

[15] Nesse sentido, ver GINER, Salvador. In: MARRAMAO, Giacomo. *Poder e secularização*. As categorias do tempo. Traduzido por Guilherme Alberto Gomes de Andrade. São Paulo: Editora Universidade Estadual Paulista, 1995, p. 11 *et seq.* (prólogo).

dade proveniente da quantidade e alcance dessas mudanças em curto espaço de tempo. Nestes termos, o que fazemos hoje tem mais conseqüências para o amanhã do que o seu equivalente de algum tempo atrás em esforço e energia. Justamente esse tipo de experiência vital – que envolve tempo e espaço – que é compartilhada por homens de todo o mundo é o que se pode hoje denominar de "modernidade", segundo a concepção de Marshall Berman. Conseqüentemente, ser moderno é encontrar-se em um ambiente que promete aventura, poder, alegria, crescimento, autotransformação e transformação das coisas em redor, mas ao mesmo tempo ameaça destruir tudo o que temos ou o que somos. Caem as fronteiras geográficas e raciais, de classe, de nacionalidade, de religião e de ideologia, de modo que a modernidade pode ser vista, por esse ângulo, como algo que une a espécie humana. Porém, é uma unidade paradoxal: despeja a todos num permanente turbilhão de desintegração e mudança, de luta e contradição, de ambigüidade e angústia. Desse modo, "tudo o que é sólido se desmancha no ar".[16]

Antes da modernidade,[17] "longe" e "tarde", assim como "perto" e "cedo", significavam quase a mesma coisa: exatamente quanto esforço seria necessário para que cada ser humano percorresse certa distância. Se as pessoas fossem questionadas sobre a sua percepção a respeito de "espaço" e "tempo", poderiam dizer que espaço é o que se percorre em certo tempo e tempo é o que se precisa para percorrê-lo. No entanto, com a modernidade, a história do tempo começou a ser escrita, de modo que a "modernidade é o tempo em que o tempo tem uma história". Nestes termos, o tempo passou a ser um fator independente das

---

[16] BERMAN, Marshall. *Tudo o que é sólido se desmancha no ar*. A aventura da modernidade. Traduzido por Carlos Felipe Moisés e Ana Maria L. Ioriatti. 2. ed. São Paulo: Companhia das Letras, 1986, p. 15. A frase "tudo que é sólido se desmancha no ar" foi pronunciada por Marx no seu "Manifesto Comunista" num contexto que afirmava: "tudo que é sólido se desmancha no ar, tudo o que é sagrado é profanado, e os homens são finalmente forçados a enfrentar com sentimentos mais sóbrios suas reais condições de vida e sua relação com os outros homens" (MARX, Karl; ENGELS, Friedrich. *O manifesto comunista de 1848 & cartas filosóficas*. Traduzido por Karl Von Puschen. São Paulo: Centauro, 2005, p. 55).

[17] Giacomo Marramao possui um trabalho muito interessante sobre a modernidade e secularização, mais especificamente a segunda parte da obra na qual as questões sobre religião e política retornam e demonstram suas influência sobre a modernidade (MARRAMAO, Giacomo. *Céu e terra*. Genealogia e secularização. Traduzido por Guilherme Alberto Gomez de Andrade. São Paulo: UNESP, 1997).

dimensões inertes e imutáveis das massas de terra e dos mares. Assim, diferencia-se do espaço porque, ao contrário deste, pode ser mudado e manipulado; tornou-se um fator de "disrupção": o parceiro dinâmico do casamento espaço-tempo.[18]

O controle da dimensão espaço-tempo tem início com a Revolução Industrial, a qual trouxe a possiblidade de disciplinar a mão-de-obra humana através da máquina que, além desse objetivo, cumpria ainda outro: domar os operários. Esse controle não era exercido somente dentro da fábrica, ele se estendia para a vida cotidiana. Tais fatos tornavam-se perceptíveis mediante a colocação de toda a estrutura temporal da vida a partir da elevação do trabalho à suprema virtude, e da transformação de conteúdo ocorrida desde a passagem de um processo artesanal para a fábrica e sua linha de montagem. De fato, a lógica da fábrica determinava o desfazer das relações diretas e estreitas mantidas entre o trabalhador e a sua atividade, uma vez que não se podia permitir aos primeiros o controle do processo produtivo. A máquina impunha um tempo homogêneo que não poderia ficar sujeito aos sabores e gostos do operário. Pelo contrário: a primeira deveria produzir o sabor ao qual o segundo deveria aferrar-se inquestionavelmente. Desse modo, a lógica do trabalho fabril e sua disciplina deveriam impor uma docilidade laboriosa que acabasse em definitivo com o gosto dos tempos alheios a ela, bem como dos tempos mortos.[19]

Criavam-se assim, os "tempos modernos", cuja concepção inovadora se assenta sobre um fato real: "a crescente capacidade humana para a obtenção de meios de vida e de meios de obtenção de meios de vida". Assim, a crescente capacidade tecnológica que fez possível a obtenção de mais meios com a diminuição de custos temporais e materiais (pelo menos teoricamente) é a base objetiva sobre a qual se assentará a idéia mítica do "progresso".[20]

---

[18] BAUMAN, Zygmunt. *Modernidade líquida*. Traduzido por Plínio Dentzien. Rio de janeiro: Jorge Zahar, 2001, p. 128-130.

[19] BOLZAN DE MORAIS, José Luis. *A subjetividade do tempo*. Uma perspectiva transdisciplinar do Direito e da Democracia. Porto Alegre: Livraria do Advogado, Santa Cruz do Sul: Edunisc, 1998, p. 28-31.

[20] CAPELLA, Juan Ramón. *Os cidadãos servos*. Traduzido por Lédio Rosa de Andrade e Têmis Correia Soares. Porto Alegre: Sergio Antonio Fabris, 1998, p. 24.

Por isso, os tempos modernos nasceram de um processo de disciplinarização do homem e do seu tempo, da formação de operários dóceis que se mantivessem subjugados pela máquina como meros executores de tarefas mecânicas e pré-definidas. Mas, para que se pudesse manter a mansidão operária, a doutrina religiosa também derramou sua influência sobre os trabalhadores. O protestantismo foi o segmento que mais influenciou a concepção de pertencimento a um estado de graça só proporcionado pelo trabalho duro. Nesse sentido, Max Weber aponta para a emergência daquilo que denominou "espírito do capitalismo".[21]

A religião forjou a consciência da necessidade do trabalho para que se pudesse galgar a bem-aventurança dos escolhidos através da concepção de que não existe pecado maior do que a ociosidade. Nesse ínterim, o lazer enquanto "ócio" deixa de ter a conotação dos velhos tempos para adquirir um novo significado: "práticas sem sentido, preenchedoras dos espaços vazios". Então, transforma-se em um "tempo morto" na forma de *hobbies* alienantes, como consumo passivo de temporalidade. Serve como agente compensador e mantedor do tempo do trabalho. Tais fatos demonstram a existência de um "tempo único", apesar de sua composição parcelada em momentos distintos e complementares, que é o da produção. Infelizmente, os ganhos quantitativos das horas de folga não significaram uma qualificação dos espaços temporais, sequer uma fuga substancial à subjetivação imposta pela era industrial.[22] Em resumo, percebe-se uma sobrecarga ideológica que impede que a recuperação dos períodos de ócio sejam transformados qualitativamente, permanecendo a quantificação temporal adstrita ao tempo principal da produção.[23]

---

[21] É importante a leitura de WEBER, Max. *A ética protestante e o espírito do capitalismo*. Traduzido por Irene Szmerecányi e Tamás Szmerecsányi. São Paulo: Pioneira/UnB, 1981.

[22] BOLZAN DE MORAIS, José Luis. *A subjetividade do tempo:* uma perspectiva transdisciplinar do Direito e da Democracia. Porto Alegre: Livraria do Advogado, Santa Cruz do Sul: Edunisc, 1998, p. 48-49.

[23] O tempo de produção era o tempo rotinizado que se juntava aos muros de tijolos arrematados por arame farpado ou cacos de vidro e portões bem-guardados para proteger o lugar contra intrusos, impedindo também que os trabalhadores saíssem. Era a "fábrica fordista", local de encontro face a face, mas também do voto "até que a morte nos separe" entre o capital e o trabalho. O tempo rotinizado prendia o trabalho ao solo, enquanto a massa dos prédios da fábrica, o peso do maquinário e o trabalho permanentemente atado acorrentava o capital. (BAUMAN, Zygmunt. *Modernidade líquida*. Traduzido por Plínio Dentzien. Rio de janeiro: Jorge Zahar, 2001, p. 134-135).

A fragmentação do processo produtivo e a introdução da ideologia religiosa na tecnificação/metodização e quantificação do trabalho e do lazer (ainda que no último ela não venha acompanhada de qualificação) determina a inserção do homem no espaço temporal laborativo.[24] O fato é que a possibilidade de produção de um tempo livre quantitativa e qualitativamente passa, inequivocamente, pela "recuperação do tempo perdido",[25] que não significa somente a redução dos horários de trabalho e o aumento do "tempo livre". Não basta somente reconquistá-lo, também é necessário redefinir o seu conteúdo.[26]

Nesses termos, a discussão do tempo livre exige um debate acerca do modelo de vida imposto pela sociedade industrial. Porém, é necessário fazer mais do que dessacralizar os horários de trabalho; faz-se necessário recuperar a condição humana através de um processo democrático que não signifique ausência de regras, e sim, a descaracterização do processo laborativo alienante forjado por uma produção serializada e, principalmente, a inserção de momentos de lazer criativo[27] que signifique ir além da satisfação consumista.[28]

Contudo, a intenção de produzir "ordem" através da disciplina do tempo imposta pela máquina, nos termos determinados

---

[24] Essa ideologia religiosa tinha como resultado operários disciplinados "que se aferravam ao trabalho como a uma finalidade de vida desejada por Deus. Dava-lhes, além disso, a tranquilizadora garantia de que a desigual distribuição de riqueza deste mundo era obra especial da Divina Providência que, com essas diferenças e com a graça particular, perseguia seus fins secretos, desconhecidos do homem" (WEBER, Max. *A ética protestante e o espírito do capitalismo*. Traduzido por Irene Szmerecányi e Tamás Szmerecsányi. São Paulo: Pioneira/ UnB, 1981, p. 27).

[25] BOLZAN DE MORAIS, José Luis. *A subjetividade do tempo*. Uma perspectiva transdisciplinar do Direito e da Democracia. Porto Alegre: Livraria do Advogado, Santa Cruz do Sul: Edunisc, 1998, p. 64.

[26] O problema não é deixar um tempo livre – que correria o risco de ser um tempo vazio – aos indivíduos, para que eles possam preenchê-lo a seu bel-prazer, com "poesia" ou com escultura em madeira. O problema é fazer de todo o tempo, um tempo de liberdade e permitir que a liberdade concreta se encarne na atividade criadora. O problema é colocar poesia no trabalho (Poesia significa exatamente criação) (CASTORIADIS, Conerlius. *Socialismo ou barbárie*: o conteúdo do socialismo. São Paulo: Brasiliense, 1983, p. 61).

[27] Sobre o assunto, é importante a leitura de MASI, Domenico de. *O ócio criativo*. Entrevista a Maria Sena Palieri. Traduzido por Léa Manzi. Rio de Janeiro: Sextante, 2000.

[28] Nesse sentido, é importante a leitura de ARENDT, Hannah. *Condição humana*. Traduzido por Roberto Raposo. 10. ed. Rio de Janeiro: Forense, 2004.

pela lógica capitalista,[29] a transformação do tempo medieval cristão em tempo de progresso,[30] impôs a transformação da temporalidade através daquilo que Marramao chamou de "secularização" e que foi, verdadeiramente, a mundanização e a humanização do tempo histórico. A introdução dessa secularização paulatina, contínua e, principalmente, inevitável apontou para um novo olhar sobre a modernidade que deixa transparecer de modo latente a conflitualidade endêmica de nosso mundo e a necessidade de reconhecê-la como fundamento da ordem em nossa cultura, que pressupõe a dicotomia conflito/estabilidade.[31]

No entanto, é importante analisar a secularização e suas relações com o poder numa correlação entre racionalidade e formas de agir. Na concepção weberiana, mais do que a cega ambição pelo ganho, a origem do capitalismo tem sua estrutura baseada na ética da renúncia e do disciplinamento (aqui a semente religiosa) e pela relação entre racionalidade e formas de agir. Então, a célebre imagem da "jaula de aço", criada por Weber, revela o modo como o mundo administrado perde o caráter de manto sutil para transformar-se numa prisão.[32]

Ao trabalhar as relações de poder, Max Weber já salientava que o conceito de poder, do ponto de vista sociológico, significa a probabilidade de impor a própria vontade dentro de uma relação social, mesmo contra toda a resistência e qualquer que seja o fundamento dessa probabilidade. Assim, os meios mediante os quais o poder é alcançado variam desde a violência até o sufrágio por procedimentos rudes ou delicados: dinheiro, influência social, poder da palavra, dentre outros.[33]

Essa progressiva secularização do poder que se utilizava da máquina e do espírito capitalista para imperar aliou-se à neces-

---

[29] É importante a leitura de MARX, Karl. *Do capital*. O rendimento e suas fontes. Traduzido por Edgar Malagodi. São Paulo: Nova Cultural, 1996. (Os pensadores).

[30] O tempo do progresso é analisado por Juan Ramón Capella em: CAPELLA, Juan Ramón. El tiempo del progreso. Coordenadores Josep Aguillò Regla y Maccario Alemany. *Revista DOXA*. n. 9, 1991. Disponível em: <www.cervantesvirtual.com>.

[31] Vide também MARRAMAO, Giacomo. *Poder e secularização*. As categorias do tempo. Traduzido por Guilherme Alberto Gomes de Andrade. São Paulo: Editora Universidade Estadual paulista, 1995.

[32] WEBER, Max. *Economia e sociedade*. Fundamentos da Sociologia Compreensiva. Traduzido por Regis Barbosa e Karen Elsabe Barbosa. Brasília: UNB, 1999. v. 2.

[33] WEBER, op. cit., v. 2.

sidade de economia de tempo (também uma das molas propulsoras do capitalismo moderno), cujo fomento se deu na divisão de tarefas e na sua realização mecânica. Observa-se, então, uma aceleração do ritmo de vida, porque rebocado pela aceleração do tempo laborativo, sendo que o tempo social também se acelera, e esta nova temporalidade traz reflexos, uma vez que "a redução do tempo de trabalho, o tempo livre e o processo de individualização levaram à multiplicação dos temas e dos conflitos ligados ao tempo".[34] Assim, as exigências de resultados a curto prazo e de fazer mais no menor tempo possível, agindo sem demora, produzem uma corrida da competição que faz priorizar o urgente desconsiderando o importante, a ação imediata à custa da reflexão, o acessório à custa do essencial. O resultado é a dramatização do estresse permanente e um conjunto de distúrbios psicossomáticos. Tudo em função do reinado da urgência.[35]

Paralela à necessidade de urgência e ao ritmo desenfreado de trabalho, atualmente se impõe uma espécie de devotamento pessoal e integral à atividade laborativa que relega a vida pessoal a um segundo plano. Assim, a família e a empresa tornam-se rivais.[36] Porém, quanto mais depressa se vai, menos tempo se tem; a modernidade se construiu em torno da crítica à exploração do tempo do trabalho, por outro lado, a época hipermoderna é contemporânea da sensação de que o tempo se rarefaz. Nesse universo de "pressa", os vínculos humanos também são substituídos pela rapidez, a qualidade de vida pela eficiência, a fruição livre de normas pelo frenesi. Já não se fala mais de ociosidade, de contemplação e de relaxamento voluptuoso: o que importa é a auto-superação, a vida do fluxo nervoso, os prazeres abstratos da onipotência proporcionados pelas intensidades aceleradas.[37]

Porém, o preço que se paga é alto: a urgência e a aceleração dos tempos (hiper)modernos enfraqueceu o poder regulador de

---

[34] LIPOVETSKY, Gilles. Tempo contra tempo, ou a sociedade hipermoderna. In: LIPOVETSKY, Gilles; CHARLES, Sebastien. *Os tempos hipermodernos*. Traduzido por Mário Vilela. São Paulo: Barcarolla, 2004, p. 76.

[35] Sobre o assunto, é importante a leitura de AUBERT, Nicole. *Le culte del'urgence*. Paris: Flammarion, 2003.

[36] Esses conflitos são discutidos por OLIVEIRA, Rosiska Darcy de. *Reengenharia do tempo*. Rio de Janeiro: Rocco, 2003.

[37] LIPOVETSKY, op. cit., p. 80.

algumas instituições, dentre elas a família, a religião e os partidos políticos, acirrando alguns conflitos e trazendo outros, especialmente na esfera inter-relacional. Essa desregulação gera distúrbios ao estado de ânimo e à organização pessoal e institucional. Conseqüentemente, o "tempo", que ganhou novos contornos e novos conceitos na (hiper)modernidade, também se tornou uma nova temporalidade social, o que determinou uma nova institucionalização do tempo pelo Direito. Esse é o assunto abordado adiante.

2. A instituição jurídica da sociedade e o seqüestro da temporalidade: a temporalização do tempo e a instituição do Direito

Diante da incapacidade individual de forjar, por si só, o conceito de tempo, este, tal como a instituição social que lhe é inseparável, vai sendo assimilado pela criança à medida que ela cresce numa sociedade em que ambas as coisas são tidas como evidentes.[38] Ao crescer, a criança vai-se familiarizando com o "tempo" como símbolo de uma instituição social cujo caráter coercitivo ela experimenta desde cedo.[39] Se no decorrer de seus primeiros anos de vida não desenvolve um sistema de autodisciplina conforme essa instituição, se não aprende a se portar e a modelar sua sensibilidade em função do tempo, ser-lhe-á muito difícil, senão impossível, desempenhar o papel de um adulto no seio dessa sociedade.[40]

---

[38] O que o relógio comunica, por intermédio dos símbolos inscritos em seu mostrador, constitui aquilo a que chamamos tempo. Ao olhar o relógio, sei que são tantas ou quantas horas, não apenas para mim, mas para o conjunto da sociedade a que pertenço... O tempo tornou-se, portanto, a representação simbólica de uma vasta rede de relações que reúne diversas seqüências de caráter individual, social ou puramente físico (ELIAS, Norbert. *Sobre o tempo*. Traduzido por Vera Ribeiro. Rio de Janeiro: Jorge Zahar, 1998, p. 16-17).

[39] E, nesse sentido, Eligio Resta ressalta: Le percezioni del tempo possono essere definite da codici differenti: il gioco è il meccanismo intemporale per eccellenza, l'infanzia vive in una dimensione svincolata dal dipanarsi meccanico delle ore del mondo, che essendo fuori dal tempo si situa per certi versi nella eternità. Assim, a percepção de "tempo" de uma criança é diferente de um adulto, mas essa criança crescerá e tornar-se-á um adulto e sua concepção temporal deixará de ser "eterna" (RESTA, Eligio. *Le stelle e le masserizie. Paradigmi dell'osservatore*. Roma-Bari: Laterza, 1997, p. 12-13).

[40] Ibidem, p. 13-14.

É nesse ínterim que se pode perceber a presença de um "processo civilizador"[41] que contribui para a transformação da coerção exercida de fora para dentro pela instituição social do tempo num sistema de autodisciplina que abarque toda a existência do indivíduo e que contribui para formar os hábitos sociais, os quais são partes integrantes das estruturas de personalidades individuais.

Dito isso, observa-se que as relações entre o tempo e o Direito são intitucionalizadas pela sociedade, que possuem como ponto de partida três premissas: 1) o tempo é uma instituição social antes mesmo de ser um fenômeno físico ou uma experiência psíquica;[42] 2) a função principal do jurídico é justamente contribuir para a instituição do social; 3) e, por último, reconhecer a interação dialética existente entre as duas premissas defendendo que existe um elo profundo entre a temporalização social e a instituição jurídica da sociedade. Com base nessas três premissas, tem-se que "o direito afecta directamente a temporalização do tempo, ao passo que, em compensação, o tempo determina a força instituinte do direito". Em termos ainda mais exatos, "o tempo temporaliza ao passo que o direito institui".[43]

---

[41] Estudando o processo civilizador pelo qual passou a humanidade, Norbert Elias investiga a sociogênese do Estado, apoiando-se em um aspecto de sua formação e estrutura: o problema do "monopólio da força", buscando demonstrar como os processos históricos completos, desde o tempo em que o seu exercício era privilégio de um pequeno número de guerreiros rivais, gradualmente impeliu a sociedade para a centralização e monopolização do uso da violência física e de seus instrumentos por parte do Estado (ELIAS, Norbert. *O processo civilizador*. Uma história dos costumes. Traduzido por Ruy Jungmann. Rio de Janeiro: Jorge Zahar, 1994. v. 1, p. 17).

[42] Assim como os relógios e os barcos, o tempo é algo que se desenvolveu em relação a determinadas intenções e a tarefas específicas dos homens. Nos dias atuais, o "tempo" é um instrumento de orientação indispensável para realizarmos uma multiplicidade de tarefas variadas. Dizer, porém, que é um meio de orientação criado pelo homem traz o risco de levar a crer que ele seria *apenas* uma invenção humana. E esse "apenas" traduz nossa decepção diante de uma "idéia" que não seja o reflexo fiel de uma realidade externa. Ora, o tempo não se reduz a uma "idéia" que surja do nada, por assim dizer, na cabeça dos indivíduos. Ele é também uma instituição cujo caráter varia conforme o estágio de desenvolvimento atingido pelas sociedades. O indivíduo, ao crescer, aprende a interpretar os sinais usados na sua sociedade e a orientar sua conduta em função deles (Ibidem, p. 15).

[43] OST, François. *O tempo do Direito*. Traduzido por Maria Fernanda de Oliveira. Lisboa: Instituto Piaget, 1999, p. 12-14.

Portanto, tempo e Direito relacionam-se com a sociedade, uma vez que não existe tempo fora da história.[44] Não existe tempo, Direito e sociedade isolados, tratam-se de uma instituição. Mais especificamente uma instituição imaginária, na qual o tempo constrói e é construído, institui e é instituído, ou seja, o Direito é uma instituição temporal.[45] Portanto, torna-se importante que a norma jurídica implemente um tempo próprio, carregado de sentido instituinte. O tempo do processo dá disso uma boa aproximação, por estar separado da vida real, estreitamente regulado a prescrições rituais, permitindo que o julgamento desenvolva os seus efeitos performativos e instituintes: efeitos jurídicos (condenação e absolvição) e efeitos sociais (apaziguar o conflito).[46]

No entanto, a instituição do tempo é uma obra frágil e sempre ameaçada pela *destemporalização* que pode se dar de quatro formas: primeiramente, através da própria recusa do tempo entendido como mudança, evolução, finitude e, conseqüentemente, mortalidade. Num segundo momento, a destemporalização surge como o abandono no decurso do tempo físico cujo movimento irreversível conduz todas as coisas à destruição (assim, quanto mais o tempo passa, mais a energia se dissipa e mais a desordem aumenta). A terceira forma de destemporalização é apontada pelo pensamento determinista gerado pela representação de um tempo homogêneo e uniforme, pleno e contínuo. Finalmente, a quarta ameaça de destemporalização diz respeito à gestão da policronia, pois o tempo social declina-se evidentemente do plural.[47]

---

[44] La temporalidad se identifica a la sustancia originaria del derecho, por lo mismo que es la sustancia íntima del hombre. Sin la temporalidad, el derecho carecería esencialmente de significado. Sólo proyectándose, desde del ser originario, a través de ese tiempo que se temporaliza, es posible, al fin, el conocer lógico mediante el cual lo aprehendemos en el mundo; conocer que deriva de aquel otro que es, también por la temporalidad, no razonando, sino existiendo. Podemos igualmente afirmar del derecho, que la existencia se trasciende en él, temporalizándose, bajo una especie de causa, previa a toda causa verdadera, y que es la libertad. (CARNELLI, Lorenzo. *Tiempo y derecho*. Buenos Aires: Lavalle, 1952, p. 188).

[45] CASTORIADIS, Cornelius. *A instituição imaginária da sociedade*. Traduzido por Guy Reynaud. 3. ed. Rio de Janeiro: Paz e Terra, 1982.

[46] OST, François. *O tempo do Direito*. Traduzido por Maria Fernanda de Oliveira. Lisboa: Instituto Piaget, 1999, p. 15.

[47] Assim, os riscos de destemporalização são bem reais: a nostalgia da eternidade gera ideologias totalitárias de que o século XX deu vários exemplos devastadores; a vertigem da entropia leva à crise da cultura traduzida pela incapacidade de articular o passado e o futuro, à memória e ao projeto de uma cultura muitas vezes marcada pelo instante e pela

Desse modo, recusar a finitude humana e, conseqüentemente, buscar a eternidade é uma das formas de destemporalização, por outro lado, o homem é o único ser vivo que possui a capacidade de "virar a ampulheta" e refletir sobre a temporalidade que o envolve, fazendo caso do fato de que o passado é volvido, e o futuro, indeterminado.[48] No entanto, é frágil o laço entre passado e futuro e entre ambos é possível observar um presente reduzido a acessos de instantaneidade, aos sobressaltos da urgência.[49] Justamente nesse momento observa-se a interpretação dos textos – exercício cotidiano dos juristas – que contribui para essa ligação intertemporal: o magistrado decide casos de hoje com a ajuda de textos legais de ontem, observando que sua decisão poderá gerar um precedente para novos julgamentos amanhã. O tempo de interpretação textual do Direito corre o risco do determinismo exposto por um tempo horizontal da duração e um tempo vertical do instante criador. Observa-se, então, a necessidade de não impor à vida social o ritmo programado que convém à fabricação de coisas e que requer, justamente, um saber técnico associado a uma temporalidade homogênea e contínua. É nesses termos que se defende o direito à lentidão,[50] uma vez que dela poderá emergir uma *praxis* social inédita.

Mas, na mesma medida em que todos possuem um direito ao seu tempo, ao seu ritmo, observa-se como normal o fato

---

sobrevalorização do presente. A tentação do determinismo marca também a nossa época, que o pensamento único e o domínio do mercado caracterizam. O risco da discronia é real em sociedades pouco solidárias, que acumulam as tensões entre o tempo dos ganhadores e o tempo dos negligenciados, o tempo instantâneo das trocas financeiras e o tempo lento da produção ou o tempo muito lento da regeneração dos recursos naturais, tempo imediato da comunicação mediática e tempo mediato da reflexão (Ibidem, p. 15-17).

[48] Sobre as imbricações entre passado, presente e futuro, enquanto categorias espaço-temporais influentes na finitude humana, é importante a leitura de KERN, Stephen. *Il tempo e lo spazio. La percezione del mondo tra Otto e Novecento*. Bologna: Il Mulino, 1995, especialmente o segundo, terceiro e quarto capítulos.

[49] "As sociedades modernas se constituíram mediante uma 'inversão do tempo' que instituiu a supremacia do futuro sobre o passado" (KRZYSZTOF, Pomian. *La crise de l'avenir*. Le Débat, 7, decembre, 1980).

[50] Mas como discutir o direito à lentidão se "Il modello del moderno è quello della velocità-voracità: deve praticare oblii, deve cancellare il passato, deve far posto a nuove merci, stabile nell'essere instabile, il suo compito è quello di accumulare cinicamente e perciò sacrificare ideali, riti, affetti, patrimoni di tradizione (modello del seduttore o del globalismo economico)." Conseqüentemente, nesse ponto é "necessaria la riscoperta della pensosità e della lentezza". (RESTA, Eligio. *Le stelle e le masserizie. Paradigmi dell'osservatore*. Roma-Bari: Laterza, 1997, p. 14-15).

de uma sociedade avançar a várias velocidades. E quanto a isso, tem-se um fato: "o tempo contemporâneo é cada vez mais fragmentado, o que não deixa de comprometer sua função tradicional de integrador social". Nesses termos, que forma poderia assumir uma tentativa de retemporalização? Tratar-se-ia de lembrar uma vez mais de uma prerrogativa geralmente negligenciada: "o direito ao tempo", ou seja, o direito ao seu tempo, o direito ao seu ritmo, cada um construindo sua história de acordo com a sua própria cadência. Essa poderia ser uma das políticas desenvolvidas para evitar o risco da discronia, em função da fragmentação do Direito embalada pelo avanço cadenciado de cada um, que evidencia, justamente, a pluralidade/complexidade temporal.[51]

É nesse sentido que a retemporalização possui quatro momentos extremamente importantes: o primeiro momento seria o fato de que o Direito está ligado à idéia de memória, o segundo momento, ao perdão, o terceiro momento, à promessa, e o quarto, momento ao questionamento.

O Direito é a memória da sociedade. O que são os cartórios, os arquivos,[52] os nossos documentos, senão aquilo que está dentro da memória do Direito, ou, falando normativamente, só é válida a memória jurídica, o Direito tem como função manter a memória.[53] Não existe Direito sem passado, sem memória, sem

---

[51] OST, François. *O tempo do Direito*. Traduzido por Maria Fernanda de Oliveira. Lisboa: Instituto Piaget, 1999, p. 15.

[52] O arquivo é a grande metáfora do saber do nosso tempo. Emancipada das dificuldades do polvorento ritualismo burocrático, a palavra *arquivo* vai se definindo na espera de sentido. Arquiva-se um procedimento, conserva-se no arquivo qualquer coisa, no arquivo coloca-se em ordem, o arquivo tem sua colocação, tem suas vozes, mas tem também os seus silêncios. O arquivo pode re-abrir e pode fechar, proteger e esconder, e testemunhar com toda a ambivalência do testemunho. Coloca junto uma imprevista combinação aristotélica de espaço e tempo, conserva a memória do tempo em um lugar. Sedimenta as informações, relata a sua existência, mas não desvela tão facilmente a origem; a metade entre a memória e o esquecimento, como uma mente coletiva; relata a ambigüidade de cada técnica que promete emancipações, omitindo custos e regressões. (RESTA, Eligio. O tempo e o espaço da justiça. In: *Anais do II Seminário Internacional de demandas sociais e políticas públicas na sociedade contemporânea*. Porto Alegre: Evangraf, 2005, p. 157).

[53] Sobre a memória em tempos modernos, chamados de "hiperconsumo", Gilles Lipovetsky afirma que a sociedade moderna é contemporânea do tudo-patrimônio-histórico e do todo-comemorativo, de modo que a nova valorização do antigo se fez acompanhar de excrescências, de saturação, de alargamento infinito das fronteiras da memória e do patrimônio histórico, pelo que se reconhece uma modernização levada ao extremo. Passou-se do reinado do finito para o infinito, do limitado ao generalizado, da memória à

tradição.⁵⁴ Por isso que a tomada de consciência⁵⁵ de estados de consciência sucessivos é classificada como tempo e, nesses termos, é bem evidente que este tempo é o tempo em que se sucedem os fenômenos e que tem apenas uma semelhança longíqua com o que a ciência (ou o relógio) mede, o que os físicos podem integrar em leis rigorosas, aquele que hoje consideramos como uma dimensão do espaço. O tempo fenomenal, o tempo da duração, está irremediavelmente ligado à memória, e é através dele, na medida em que nos lembramos daquilo que faz a unidade da nossa própria consciência, que encontramos a identidade pessoal.⁵⁶

Assim, a associação indefectível da consciência, do tempo e da memória (ainda que parcial ou fraca) concorre para a elaboração da noção fundamental que é a identidade⁵⁷ pessoal como se esta se fabricasse, etapa por etapa, à medida que o tempo avança

---

hipermemória: na neomodernidade, o excesso de lógicas presentistas segue em conformidade com a inflação proliferante da memória (LIPOVETSKY, Gilles. Tempo contra tempo, ou a sociedade hipermoderna. In: LIPOVETSKY, Gilles; CHARLES, Sebastien. *Os tempos hipermodernos*. Traduzido por Mário Vilela. São Paulo: Barcarolla, 2004, p. 86-87).

⁵⁴ ROCHA, Leonel Severo. Tempo. In: BARRETO, Vicente de Paulo. *Dicionário de filosofia do direito*. São Leopoldo – RS, Rio de Janeiro – RJ: Editora Unisinos/Renovar, 2005, p. 802.

⁵⁵ Ao definir consciência, Bergson salienta: "a consciência significa primeiramente memória. A memória pode faltar amplitude; ela pode abarcar apenas uma parte ínfima do passado; ela pode reter apenas o que acaba de acontecer; mas a memória existe ou então não existe consciência. Uma consciência que não conservasse nada de seu passado, que se esquecesse sem cessar de si própria, pereceria e renasceria a cada instante (BERGSON, Henri. *Cartas, conferências e outros escritos*. Traduzido por Franklin Leopoldo e Silva. São Paulo: Nova Cultural, 2005, p. 104. (Os pensadores).

⁵⁶ FAROUKI, Nayla. *A consciência e o tempo*. Traduzido por José Luís Godinho. Lisboa: Instituto Piaget, 2000, p. 71-72. É que uma identidade individual é mais do que uma simples consciência: é também memória. Um indivíduo que age, afecta os outros e o mundo que o rodeia, deixando uma marca que, na singularidade do tempo histórico que passa, permanece com a sua marca própria e irreversível. Além disso, é a história (objectiva, desta vez) tomada na sua totalidade que pode dar testemunho da existência de identidades individuais, além do facto de que a sua existência subjectiva (o eu) e fenomenal é de uma evidência gritante para cada ser humano. (FAROUKI, Nayla. *A consciência e o tempo*. Traduzido por José Luís Godinho. Lisboa: Instituto Piaget, 2000, p. 74).

⁵⁷ L'identità non si può spiegare ricorrendo unicamente ai caratteri "statistici" quali nome cognome residenza professione, perché esiste un decimo carattere che, pur ricomprendendoli tutti, li scompone fino a negarli nella loro veridicità e rispondenza alla realtà. L'identità, secondo Musil è un vuoto spazio invisibile che pone una lunga serie di problemi; il suo spazio, la sua invisibilità concreta, la sua oscillazione tra il dentro e il fuori, la sua indecisione tra contenente e contenuto (RESTA, Eligio. *Le stelle e le masserizie. Paradigmi dell'osservatore*. Roma-Bari: Laterza, 1997, p. 57).

e que a consciência acumula objetos e experiências diferentes dentro de uma memória em perpétuo reordenamento.[58] Em outras palavras, a unidade de representação (o fato de que o mundo funciona de acordo com as regras que nós podemos apreender e que por isso não mudam) e a unidade da consciência (o fato de que o sujeito percebe o mundo de uma maneira também unitária, contínua e coerente) são duas faces da mesma medalha.[59]

Porém, a memória atualmente se encontra em migalhas,[60] e seu declínio se deve basicamente a dois fatores: o primeiro, à superabundância de informações e de imagens geradas pelos meios de comunicação que produz uma comunicação imediata e pontualizada em desabono à coerência temporal e à hierarquia de sentido. Num segundo momento, se observa a fragmentação infinita dos grupos e subgrupos de pertença que define cada uma das filiações parciais e superficiais, pouco capazes, portanto, de suscitar identidades coletivas e mobilizadoras.[61]

Da mesma forma, não se pode perder de vista que a memória é social, e não individual, pois as nossas recordações, mesmo as mais íntimas e pessoais, só conseguem se exprimir nos termos da tradição e só fazem sentido se forem partilhadas com uma comunidade afetiva e social.[62] Mas, longe de derivar do passa-

---

[58] Se o mundo do futuro se abre para a imaginação, mas não nos pertence mais, o mundo do passado é aquele no qual, recorrendo a nossas lembranças, podemos buscar refúgio dentro de nós mesmos e nele reconstruir nossa indentidade; um mundo que se formou e se revelou na série ininterrupta de nossos atos durante a vida, encadeados uns aos outros, um mundo que nos absolveu e nos condenou para depois, uma vez cumprido o percurso de nossa vida, tentarmos fazer um balanço final. É preciso apressar o passo. O velho vive de lembranças e em função das lembranças, mas sua memória torna-se cada vez mais fraca. O tempo da memória segue um caminho inverso ao do tempo real: quanto mais vivas as lembranças que vêm à tona de nossa recordações, mais remoto é o tempo em que os fatos ocorreram (BOBBIO, Norberto. *O tempo da memória*. De senectute e outros escritos autobiográficos. Traduzido por Daniela Versiani. Rio de Janeiro: Campus, 1997, p. 54-55).

[59] FAROUKI, op. cit., p. 74-75.

[60] Sobre a memória e suas migalhas, é importante a leitura de DOSSE, Francois. *A história à prova do tempo*. Da história em migalhas e o resgate do sentido. Traduzido por Ivone Castilho Benedetti. São Paulo: UNESP, 2001.

[61] OST, François. *O tempo do Direito*. Traduzido por Maria Fernanda de Oliveira. Lisboa: Instituto Piaget, 1999, p. 57.

[62] Intersezione tra strutture temporali, la memoria è quel legame di tradizione socialmente definito e istituzionalmente coltivato attraverso il quale orizzonte di aspettative e spazio di esperienza trovano equilibri. L'instabilità e l'oscillazione, si sa, non sono estranee ai meccanismi della memoria e le istituzione non fanno che amplificarne lo spazio di variabilità (RESTA, Eligio. *Poteri e diritti*. Torino: Giappichelli Editore, 1996, p. 152).

do, a memória atua a partir do presente, justamente porque da memória acontece a re-interpretação coletiva,[63] sendo que, em função disso, a memória se situa num prolongamento direto do precedente, pois se ela opera a partir do presente, e não do passado é porque possui uma disposição ativa voluntária, e não uma faculdade passiva e espontânea. Por fim, deve-se levar em consideração que a memória se relaciona com o esquecimento, de modo que, longe de se opor a ele, o pressupõe, tendo em vista que qualquer organização de memória é igualmente uma organização do esquecimento. Somente ocorre memorização a partir da triagem seletiva.[64]

Entretanto, para que se possa falar de uma nova temporalidade que possa desligar o passado através do perdão, faz-se necessário que o tempo da memória seja ultrapassado ou superado.[65] Nesses momentos, o tempo do perdão se agiganta, garantindo sua necessidade para o mundo do Direito não como meio de simplesmente esquecer, mas de selecionar o que se vai esquecer. Ou seja, só pode existir Direito na sociedade a partir do momento que se tem perdão, uma vez que a vingança é uma fonte do Direito primitivo. Por outro lado, o perdão é um momento de maturidade; sem ele, está-se sob a Lei de Talião. O Direito moderno nasce com a idéia de perdão, que se liga à idéia de esquecimento seletivo. No entanto, o perdão é realizado por um terceiro o Judiciário é que encaminha esses processos de perdão.[66]

Mas como desligar o passado sem o abolir? Como ultrapassar a vingança sem cair na injustiça e na desonra? Não se

---

[63] Nesse sentido, é importante diferenciar a memória coletiva e a memória histórica: a primeira, que pode ser considerada "quente", elabora-se no seio de grupos sociais e produz tradições vivas, a segunda, que pode ser qualificada como "fria", apresenta-se como "quadro de acontecimentos" e "recolha de factos" gerando um "saber histórico" (OST, François. *O tempo do Direito*. Traduzido por Maria Fernanda de Oliveira. Lisboa: Instituto Piaget, 1999, p. 60).

[64] Ibidem, p. 59-63.

[65] Assim, a "dialética entre a memória e o esquecimento se vê alterada em função da ação de descolar o passado de uma concepção que o decalcasse do presente, de atual, que fizesse dele a representação de um antigo presente, uma dimensão empírica do tempo" (PELBART, Peter Pál. *O tempo não reconciliado*. São Paulo: Perspectiva: FADESP, 1998, p. 127).

[66] ROCHA, Leonel Severo. Tempo. In: BARRETO, Vicente de Paulo. *Dicionário de filosofia do direito*. São Leopoldo – RS, Rio de Janeiro – RJ: Editora Unisinos/Renovar: 2005, p. 802.

pode duvidar que o passado tem uma presença tão forte quanto o presente todavia, o esquecimento, não obstante ser ameaçador, é necessário, uma vez que se trata do reverso da memória. Porém, para pensar é preciso esquecer diferenças, generalizar, abstrair. É preciso esquecer, e uma das formas de esquecimento no mundo do Direito é justamente a prescrição[67] que ocorre para não manter alguém obrigado, atrelado a outro eternamente.

Assim, o perdão[68] é simultaneamente um ato de memória e de remissão: uma forma de apagar deliberadamente uma ofensa real, de modo que o ofendido considera o ofensor livre de uma falta cuja realidade é reconhecida pelos dois protagonistas. Porém, o perdão também se destaca da lógica jurídica por ser um ato pessoal (concedido pelo ofendido ao ofensor que o solicita), trata-se de uma medida coletiva e pública, se não devido, não pode ser imposto por nenhuma lei, gratuito e gracioso, excede a lei de equivalência freqüentemente associada ao reino da justiça. Nesse ínterim, o Direito surge como meio de mediação que, ao substituir a justiça privada, utiliza o processo como meio de intervenção de um terceiro numa querela que se torna, doravante, triangulada e verbalizada.[69] Dessa relação triangulada se espera uma sentença que só é pronunciada ao fim de um debate contra-

---

[67] Ou "esquecimento programado", como quer Ost: "o direito constata o fluir do tempo e o desgaste da memória, tanto das testemunhas como da indignação pública: para lá de um certo prazo, a pessoa visada poderá invocar em seu benefício o esquecimento" (OST, François. *O tempo do Direito*. Traduzido por Maria Fernanda de Oliveira. Lisboa: Instituto Piaget, 1999, p. 178-179).

[68] Especificamente no campo penalista, o perdão ganha outros contornos, segundo Mireille Delmas-Marty, ao saliantá-lo como uma forma primeira da "reconciliação, do abrandamento para o qual tende o direito penal, o perdão, que apaga posteriormente e de uma só vez o crime, ou a condenação pelo crime, nunca foi completamente excluído do direito penal" (DELMAS-MARTY, Mireille. *A imprecisão do direito*. Do código penal aos direitos humanos. Traduzido por Denise Radanovic Vieira. Barueri: Manole, 2005, p. 69).

[69] Eligio Resta aponta para dois tipos de perdão: o perdão que traz consigo desejo de submissão e que fixa o tempo imóvel do ressentimento que "vuol farla pagare all'infinito". Esse tipo de perdão permanece imóvel e fixo, ancorado ao passado, sem esquecer aquilo que parece publicamente esquecido. Outra forma de perdão é aquela que reconstrói o tempo não pemanecendo dele prisioneiro, possuindo a capacidade de transcendê-lo. Não é um gesto de renúncia, mas de reelaboração. É típico daquele que sabe renunciar a vingança, talvez por sabedoria, talvez por generosidade. Esse perdão possui um lugar público na política que não pode ser delegado ao Direito uma vez que "la legge non può consentirsi questo singolare supplemento d'anima" (RESTA, Eligio. *Poteri e diritti*. Torino: Giappichelli Editore, 1996, p. 157-158).

ditório ao longo do qual ambas as partes tiveram sucessivamente a palavra.[70]

Nesse momento, em que nos deparamos com mais um paradoxo do Direito, a sentença, ou seja, a decisão, o julgamento dispõe sobre o passado enquanto a lei para o futuro. Segundo Ost, o problema reside na regra do Direito que o juiz aplica. Em princípio, o juiz diz um Direito de então que é igualmente o Direito de agora: o intemporal tal como se impõe na sua verdade. Eis ainda um aspecto do caráter declarativo do julgamento – um julgamento que é suposto enunciar uma verdade intangível decorrente de uma lei ou de um princípio pré-estabelecido. Porém, toda gente sabe que qualquer texto escrito é passível de interpretação e que estas podem ser criadoras, de modo que o juiz pode não repetir uma norma pré-existente, muitas vezes adaptando-a. Faz-se necessário, então, conciliar a memória e o requestionamento, cujo liame diz respeito à segurança jurídica e à não menos indispensável faculdade de reabrir por vezes o passado para nele reinscrever as premissas de um Direito ou de uma justiça que aí se tenham perdido.[71]

A interpretação criadora faz nascer a promessa, é extremamente importante no sentido de que ela tem que romper com a tradição, mas tem que fazer este rompimento de uma maneira sofisticada, comprometendo o futuro[72] que, assim, se torna menos imprevisível, uma vez que se dá a ele um sentido no modo normativo: "as coisas serão assim, pois a isso me comprometo", esse compromisso se refere a uma norma aplicada a si mesmo. Exemplo típico da promessa é aquela realizada em Hobbes através do contrato social cujo poder constituído a partir dali se tornou perpétuo. Desse modo, a promessa compromete o futuro se,

---

[70] OST, op. cit., p. 176.

[71] OST, François. *O tempo do Direito*. Traduzido por Maria Fernanda de Oliveira. Lisboa: Instituto Piaget, 1999, p. 193-195.

[72] Alguém disse que é sempre difícil fazer previsões, sobretudo... quando elas dizem respeito ao futuro! O futuro é imprevisível, mas só podemos conhecer o que é, não o que ainda não é. Para conhecer o futuro seria necessário esperar que ele acontecesse, mas então ele deixaria de ser futuro! Todo o futuro é, por natureza, aberto e opaco ao mesmo tempo (KLEIN, Étienne. *O tempo*. Traduzido por Fátima Gaspar e Carlos Gaspar. Lisboa: Instituto Piaget, 1995, p. 91).

e apenas se, conseguir apoiar-se em uma forma prévia de confiança que ao mesmo tempo regenera e reforça.[73]

Por conseguinte, a promessa apresenta um futuro que nos obriga desde já. Exemplos típicos dessa relação futurista que responsabiliza as gerações atuais são aqueles ligados ao meio ambiente. Nessa relação, a longevidade do futuro se encontra em nossas mãos, dependendo dos homens de hoje que o longo prazo não se torne curto. Portanto, é através do tempo que somos chamados à responsabilidade, como se o futuro tivesse poder sobre nós.[74]

Esse se torna o desafio para aos juristas: pensar as vias de abertura para o futuro em formas duráveis rompendo mas, ao mesmo tempo, se apoiando no passado,[75] libertando as forças do instituinte nas próprias formas do instituído.[76] Esse raciocínio faz emergir outra vez a figura do Estado como a mais importante das instituições jurídicas susceptíveis de obrigar o futuro não só como um poder soberano, mas também como um poder contínuo. No âmbito estatal, a Constituição é, por excelência, o

---

[73] Ver HOECKE, Mark van; OST, François. Del contrato a la transmisión. Sobre la responsabilidad hacia las generaciones futuras. *Revista DOXA*. n. 22, 1999. Coordinadores Josep Aguillò Regla y Maccario Alemany. Disponível em: <www.cervantesvirtual.com>; OST, François. Tiempo y contrato. Crítica del pacto fáustico. *Revista DOXA*. n. 25, 2002. Coordinadores Josep Aguillò Regla y Maccario Alemany. Disponível em: <www.cervantesvirtual.com>.

[74] No entanto, as relações com as gerações futuras merecem cuidado especialmente quanto à falta de identidade, uma vez que ainda não existem e há o risco de decisões paternalistas sobre um direito que não é atual, e sim, futuro, assim: L'idea rivoluzionaria che emerge è quella di un diritto trans-generazionale, su un modello di diritto fraterno in cui i diritti dei popoli potessero comprendere l'idea di genere umano: comprese le generazioni future... Ma il meccanismo dell'imputabilità vuole che ci sia sempre la persona a cui rispondere ... Come può dunque essere la generazione futura?! Viene meno la struttura dialogante del domandare e rispondere. Ecco perché l'etica intergenerazionale rischia sempre di cadere nella *ingenuità* (i soggetti futuri non hanno identità e dunque non possono essere soggetti di diritto) e nella *arroganza* (decisioni paternalistiche verso il prossimo)...Bisogna lasciare al prossimo la possibilità di scegliere tra diverse alternative. Scegliere per lui anche quella che noi riteniamo l'ipotesi migliore rappresenta solo una violenza più raffinata (RESTA, Eligio. *Le stelle e le masserizie. Paradigmi dell'osservatore*. Roma-Bari: Laterza, 1997, p. 49).

[75] "O futuro é o passado em preparação". Esta frase é verdadeira a ponto de ignorar a seta do tempo: podemos inverter a cronologia para afirmar também que "o presente é o futuro que se prepara" (KLEIN, Étienne. *O tempo*. Traduzido por Fátima Gaspar e Carlos Gaspar. Lisboa: Instituto Piaget, 1995, p. 101).

[76] OST, François. *O tempo do Direito*. Traduzido por Maria Fernanda de Oliveira. Lisboa: Instituto Piaget, 1999, p. 227.

instrumento jurídico de ligação com o futuro. Essa ligação nasce e se valoriza pelo contrato. Porém, é necessário recordar que o "futuro valorizado não é necessariamente um futuro garantido.[77] O risco contribui até para a valorização da aposta. Aqui, a regra do jogo é que os contratantes, um ou os dois, assumam essa parte inevitável de risco que o futuro comporta".[78]

Desse modo, o tempo positivista é o tempo da instantaneidade[79] e da perenidade, o tempo da certeza e da segurança, mas os tempos atuais são de imprecisão.[80] Entretanto, uma temporalidade absoluta se faz perigosa, surgindo a necessidade de re-questionamento, como algo que desobriga o futuro, não fazendo com que o mesmo esqueça a promessa, mas com que ele abra novas vias para que ela se concretize. Fugindo da temporalidade absoluta, o requestionamento surge como uma oportunidade de suspensão do instante que autoriza as iniciativas e alimenta a trama do tempo;[81] não é o seu apêndice ou epílogo.[82]

---

[77] Essa imprevisibilidade do futuro é, segundo Capella, uma diminuição do horizonte de expectativas, uma vez que as pessoas percebem cada vez menos o que podem esperar e, inclusive, deixam de confiar na probabilidade de expectativas razoáveis, o que desenvolve uma tendência de deixar de fazer previsões individuais para o futuro. O resultado é uma contraditória, esquizofrênica, desaparição do interesse pelo futuro em seres humanos para quem o presente pode ser dificilmente suportável. Cria-se, então, uma histérica apologia ao presente (CAPELLA, Juan Ramón. *Os cidadãos servos*. Traduzido por Lédio Rosa de Andrade e Têmis Correia Soares. Porto Alegre: Sérgio Antônio Fabris, 1998, p. 30-31).

A impotência para imaginar o futuro só aumenta em conjunto com a sobrepotência técnico-científica para transformar radicalmente o porvir: a febre da brevidade é apenas uma das facetas da civilização futurista hipermoderna. (LIPOVETSKY, Gilles. Tempo contra tempo, ou a sociedade hipermoderna. In: LIPOVETSKY, Gilles; CHARLES, Sebastien. *Os tempos hipermodernos*. Traduzido por Mário Vilela. São Paulo: Barcarolla, 2004.p. 68).

[78] OST, op. cit., p. 306.

[79] A instantaneidade (anulação da resistência do espaço e liquefação da materialidade dos objetos) faz com que cada momento pareça ter capacidade infinita; e a capacidade infinita significa que não há limites ao que pode ser extraído de qualquer momento – por mais breve e "fugaz" que seja (BAUMAN, Zygmunt. *Modernidade líquida*. Traduzido por Plínio Dentzien. Rio de janeiro: Jorge Zahar, 2001, p. 145).

[80] Sobre a imprecisão do tempo e a necessidade humana de determinação do mesmo, é importante a leitura de FRANK, Jerome. *Derecho e incertidumbre*. Traduzido por Carlos M. Bidegain. Buenos Aires: Centro Editor de América Latina S. A., 1986.

[81] A trama do tempo vem refletida numa perspectiva histórica em: DOMINGUES, Ivan. *O fio e a trama*. Reflexões sobre o tempo e a história. São Paulo: Iluminuras; Belo Horizonte: UFMG, 1996.

[82] OST, François. *O tempo do Direito*. Traduzido por Maria Fernanda de Oliveira. Lisboa: Instituto Piaget, 1999, p. 324.

Assim, para o mundo jurídico, o futuro traz a incômoda sensação de incerteza e gera insegurança, pois a interrogação imediata que se faz é sobre a capacidade do Direito de instituir o elo que é posto em causa, mais ainda do que a sua aptidão para garantir segurança.[83] Desse modo, o desafio diante do qual se encontram os juristas é, nesse contexto de incerteza, preparar o futuro num mundo de falibilidade. Tal fato pode ser evidenciado especialmente quanto se percebe que o Estado Providência perde espaço para a "sociedade de risco",[84] cuja evidência principal ocorre na volta da segurança como assunto primordial em substituição à solidariedade. Nestes termos, não basta ao Estado ser redistribuidor para honrar a promessa de felicidade social, é necessário que ele conduza à mudança social. Cria-se, então, a figura de um Estado propulsivo, no sentido de desenvolver, em todos os setores das políticas públicas, "programas finalizados" com vistas a atingir os objetivos que lhe parecem conformes à sua visão construtivista do interesse geral.[85]

Outro ingrediente deve ser adicionado à tal situação: a urgência, a imposição de ações em tempo real, instantâneo, imediato. Então, a discussão pode ser reportada ao Direito e ao processo propriamente dito, que precisa lidar com todo um arsenal de ritos e prazos e não obstante tais instituições se põem a requestionar sua certezas e renegociar as promessas anteriormente formuladas. Nesse contexto, a discussão se avoluma e passa a ser centrada no tempo do processo, cujo debate se fará adiante.

---

[83] Mais uma vez, a contribuição de Prigogine: PRIGOGINE, Ilya. *O fim das certezas*. Tempo, caos e as leis da natureza. Traduzido por Roberto Leal Ferreira. São Paulo: UEP, 1996 e PRIGOGINE, Ilya; STENGERS, Isabelle. *Entre o tempo e a eternidade*. Traduzido por Roberto Leal Ferreira. São Paulo: Companhia das Letras, 1992.

[84] Conforme Ulrich Beck, não se pode perder de vista que a sociedade do risco é também a sociedade na qual a urgência se torna o estado normal, de modo que a sociedade do risco põe a si própria em perigo (o risco sanitário e o risco tecnológico são exemplos disso). Então, se pode constatar que a ameaça vem mais das nossas ações do que da natureza (BECK, Ulrich. *Risk Society*. Towards a new modernity. Londres: Sage Publications, 1997, p. 79).

[85] OST, François. *O tempo do Direito*. Traduzido por Maria Fernanda de Oliveira. Lisboa: Instituto Piaget, 1999, p. 338.

3. A Emenda Constitucional 45 e a efetividade quantitativa x efetividade qualitativa: a justiça deve optar?

Para discutir as relações entre o tempo e o processo, é necessário recordar que o tempo do processo não é um tempo ordinário. Da mesma forma que o espaço judiciário reconstrói, por oposição ao abandono da sociedade, um interior que encarna a ordem absoluta, o tempo do processo interrompe o escoamento linear do tempo cotidiano. O primeiro insinua-se neste como uma ação temporária que, dada a sua ordem e a sua regularidade, compensa as lacunas do tempo profano que se ritualiza para tornar-se processual.[86]

Antes mesmo de existirem leis, juízes e palácios de justiça, havia um ritual. Esse ritual poderia ser religioso ou pagão, mas era consenso entre seus praticantes e seguidores.[87] Nestes termos, o que é um processo? Ele é, inicialmente, um ritual e justamente por isso carrega consigo um repertório de palavras, gestos, fórmulas, discursos, de tempos e locais consagrados, destinados jus-

---

[86] GARAPON, Antoine. *Bem julgar*. Ensaio sobre o ritual do Judiciário. Traduzido por Pedro Filipe Henriques. Lisboa: Instituto Piaget, 1997, p. 53.

[87] Rito è termine che viene dall'esperienza religiosa e che ha finito per far parte del lessico fondamentale dell'antropologia. Indica l'insieme di pratiche linguistiche che trasferiscono nel campo della prevedibilità un mondo variegato di simboli, aspettative, esperienze che generano l'angoscia dell'incertezza. Si parla così di rito di iniziazione, di rito di passaggio, di rito di fondazione, di rito liturgico; qualcuno azzarda che la sua origine sia da riportare ad un dire e ad un avanzare. Il rito ripete, replica e si ripete: trasmette memoria di un'esperienza e regola le attese del nuovo; non ci si può interrogare sul perché né tanto meno sulla verità o falsità di un rito. (RESTA, Eligio. *Il tempo del processo*. Disponível em: <www.jus.unitn.it/cardozo/rewiew/Halfbaked/Resta.htm>. Acesso em: 01 nov. 2006).

tamente a acolher o conflito. Primitivamente, a autoridade não era necessariamente um juiz, poderia ser o sacerdote ou o líder de um povo, mas de uma coisa não se abria mão: era necessário um código, uma fórmula (escrita ou não) de tratar o conflito, consensuada entre todos os integrantes do grupo, ou seja, institucionalizada por eles.[88]

Essa forma era o ritual, o código. Não é por acaso que ainda usamos a palavra "rito" para definir o procedimento judicial (rito ordinário, sumário...). O uso do termo "rito" não é um mero acaso, uma vez que se trata de uma prática social que serve para governar o sentido da complexidade das coisas. O rito é a resposta para a incerteza,[89] condimento da angústia do não-previsível, é controle, é tanta coisa, mas é sobretudo prática social.[90] Assim, o processo é construído em torno da lógica ritual, não substituível por nenhuma outra linguagem, exclusivamente em função de uma coação a decidir.[91] Assim, não todas as provas, mas também aquelas tecnologicamente mais relevantes poderiam ser admiti-

---

[88] GARAPON, Antoine. *Bem julgar*. Ensaio sobre o ritual do Judiciário. Traduzido por Pedro Filipe Henriques. Lisboa: Instituto Piaget, 1997, p. 25.

[89] Jerome Frank trabalha com a incerteza do direito focando a produção probatória como um dos fatores de angústia dos juristas. Tal produção probatória também oferece um ritual, desde a apreciação dos fatos e de suas provas, até a sentença. É nesse sentido que salienta o erro principal: "concluyen que la certidumbre jurídica debe ser medida por la bastante fácil predecibilidad de las sentencias del tribunal superior en los numerosos pleitos usuales, no excepcionales, llamados a ser resueltos por normas jurídicas bien establecidas y precisas." (FRANK, Jerome. *Derecho e incertidumbre*. Traduzido por Carlos M. Bidegain. Buenos Aires: Centro Editor de América Latina S. A., 1986, p. 83).

[90] Il rito giudiziario lo fa soltanto più degli altri. C'è anche un racconto del rito che affonda nelle pieghe della storia del diritto capace di raccontarci dei suoi cambiamenti, ma anche delle sue giustificazioni, dal meccanismo formalmente irrazionale dei responsi oracolari ai moderni apparati sostanzialmente razionali del tecno-diritto, alla scommessa moderna del processo formalmente razionale; storia di un passaggio da legittimazioni sacrali all'infondatezza delle convenzioni moderne. Ma proprio quel racconto del rito ci mostra come in esso si consumi il tentativo dei nostri sistemi sociali di ingannare la propria violenza sostituendo alla cattiva infinità della vendetta o al rischioso arbitrio di un sovrano il procedere discorsivo. (RESTA, Elígio. *Il tempo del processo*. Disponível em: <www.jus.unitn.it/cardozo/rewiew/Halfbaked/Resta.htm>. Acesso em: 01 nov. 2006).

[91] Ma la storia del processo è tutta consegnata a questo filo conduttore che ci conduce, in occidente, lungo i diversi sistemi e le diverse epoche, verso questo punto: il processo giudiziario è "rito" fondato su regole sue proprie, dotato di autonomia e differenza dalla materia che deve accertare e che tende a differenziarsi dall'arbitrio del decisore o dalla pericolosa irrazionalità della punizione di una comunità (Ibidem).

das, e nem todos os tempos seriam consentidos, senão dentro do código lingüístico regulado pelo Direito.[92]

Desse modo, integrado nessas marcas rituais do tempo, o processo desenrola-se de uma assentada: representa-se até ao fim. Durante o período em que se desenvolve, apresenta avanços e recuos, peripécias, uma alternância de esperança e de pessimismo e, quando o fim se aproxima, a tensão. O processo é uma revolução completa. É por isso que se pode afirmar que a temporalidade processual não encontra possibilidade de reprodução. Tudo isso se deve, efetivamente, ao princípio da autoridade da coisa julgada que proíbe que a mesma jurisdição volte a ocupar-se de um mesmo caso previamente julgado por ela. Não reprodutível, o tempo do processo é, pois, e de igual modo, um tempo único.[93]

É possível afirmar que o tempo do processo não resulta, entretanto, unicamente das regras processuais, pois o processo deve regular um litígio. Assim, a matéria litigiosa impõe o ritmo dos procedimentos. Seu estudo mostrou que o tempo é evolutivo e não se reduz ao momento da demanda na justiça. A matéria litigiosa é uma matéria viva que não pode se solidificar no início do processo. O procedimento deve, assim, integrar as evoluções do litígio que resultam da atividade das partes, do juiz ou, ainda, de uma mudança de legislação.[94]

Portanto, o processo do qual tanto se fala e sobre o qual tanto se litiga, não pode ser considerado outra coisa senão um lugar, único, onde se realizam duas exigências diferentes: a primeira é a busca pela verdade em uma história que uma lei prevê como delito/ilícito; a segunda é a garantia que o acusado/requerido possa se defender da acusação que lhe é feita. Ambas exis-

---

[92] RESTA, Eligio. O tempo e o espaço da justiça. In: *Anais do II Seminário Internacional de demandas sociais e políticas públicas na sociedade contemporânea*. Porto Alegre: Evangraf, 2005, p. 169.

[93] GARAPON, Antoine. *Bem julgar*. Ensaio sobre o ritual do Judiciário. Traduzido por Pedro Filipe Henriques. Lisboa: Instituto Piaget, 1997, p. 58-59.

[94] Le temps du procès ne résulte cepedant pas uniquement de règles processuelles. Le procès doit régler un litige. La matière litigieuse impose le rythme des procédures. Son étude a montré que le temps est évolutif et ne se réduit pas à l'instant de la demande en justice. La matière litigieuse est une matière vivante qui ne peut se figer au début du procès. La procédure doit donc intégrer les évolutions du litige qui résultent de l'activité des parties, du juge ou encore d'un changement de législation (AMRANI-MEKKI, Soraya. *Le temps et le procès civil*. Paris: Daloz, 2002, p. 511-512).

tem uma em função da outra, e não uma contra a outra, e juntas, entre elas, se constitui o critério fundamental de legitimação da jurisdição.[95]

Por fim, o tempo do processo é um tempo contínuo, possuindo um começo e um fim.[96] Vive-se até o fim. Além disso, avista-se a temporalidade processual como um procedimento ordenado de modo que cada um possui o seu lugar e cada coisa acontece a seu tempo: é essa a ordem do ritual judiciário. Todo juiz dá uma certa liberdade para adequar essa ordem às especificidades do processo,[97] prerrogativa que não é atribuída às partes, por exemplo. Ainda, observa-se que o tempo é muito mais "longo" para as partes (especialmente o acusado) do que para os profissionais da justiça. Muitas vezes, ele (o acusado) esperou longamente para que o tempo "passasse".[98]

À exceção dos casos flagrantes, o processo não decorre em tempo real, nele o tempo é recriado.[99] A vida social não pode ser reparada aos bocados, ela pede para ser regenerada: é esse o sentido do tempo judiciário. Essa recriação da ordem social não consiste numa simples representação e, nesse contexto, o ritual permite também que a sociedade *participe* nessa criação. Aquilo que se representa é um *drama*, ou seja, uma ação, algo que se está para fazer, algo que se faz, algo sobre o qual é possível agir. Observa-se que o tempo da ritualidade judiciária evoca o tempo do Direito. Assim como o tempo judiciário, o Direito, ao assimilar textos provenientes de épocas diferentes, parece ser insensível

---

[95] RESTA, Eligio. *Il tempo del processo*. Disponível em: <www.jus.unitn.it/cardozo/rewiew/Halfbaked/Resta.htm>. Acesso em: 01 nov. 2006.

[96] Il processo è dunque un tempo di sospensione e di riflessione e, per così dire, un percorso di riordino dell'esperienza giuridica; il che significa anche un principio di orientamento per i consociati, in quanto la sanzione e la reintegrazione dell'ordine giuridico mediante il processo attuano, per altro verso, una controspinta psicologica che scoraggia e riduce le turbative dell'ordine giuridico: una funzione preventiva complementare a quella repressiva e non meno importante di essa (MARINELLI, Vicenzo. *Dire il diritto. La formazione del giudizio*. Milano: Giuffrè, 2002, p. 312-313).

[97] É justamente nessa crença que reside o risco de discricionariedade judicial.

[98] GARAPON, Antoine. *Bem julgar*. Ensaio sobre o ritual do Judiciário. Traduzido por Pedro Filipe Henriques. Lisboa: Instituto Piaget, 1997, p. 61-62.

[99] Il "metodo giudiziario" si basa sul non precipitare il giudizio, anzi al contrario sul consapevole e voluto differimento della sua pronuncia all'esito del processo. Lo stesso principio del contraddittorio richiede di prender tempo per la decisione. Il giudice, prima di giudicare (in modo non meramente interlocutorio; cioè prima di emettere la sentenza), deve rimanere in posizione di ascolto (MARINELLI, op. cit., p. 308-309).

ao tempo. Sublima a perenidade para proporcionar à sociedade uma atualidade eterna. Integra o passado num presente eterno. Contra a corrupção do tempo, o Direito afirma a sua inesgotável capacidade de auto-regeneração, de sublimação do carácter finito da História. Portanto, luta contra o abandono trazendo a cada grupo social a possibilidade de se reproduzir sem ser afetado pelo tempo. É o "não-tempo" do Direito.[100]

No entanto, a elaboração simbólica do processo é hoje alvo de ataques e críticas. Na maioria das vezes, acusa-se a justiça de ser demasiado lenta e para muitos o antídoto para essa morosidade é o tratamento dos processos "em tempo real". Desse modo, a justiça, que se flexibiliza e desformaliza, é solicitada com mais freqüência. Na ânsia de dar respostas céleres às demandas, o Judiciário brasileiro passou por uma reforma trazida pela Emenda Constitucional 45 (EC/45), cujas expectativas são de que suas alterações possam gerar transformações necessárias para implementar uma efetividade quantitativa e qualitativamente junto ao sistema judiciário nacional.

Na verdade, a EC/45 é apenas uma das tentativas (não a primeira e, com certeza, nem a última) de buscar celeridade através da alteração/introdução de legislação que tenha por objetivo estimular a eficácia quantitativa das decisões através da celeridade processual. O texto da Emenda Constitucional 45 (EC/45), promulgada em 08 de dezembro de 2004, produz alterações consideráveis nas instituições encarregadas de administrar a justiça, estabelecendo, por exemplo, um controle externo do Poder Judiciário e do Ministério Público, propondo uma nova forma de administração. Além disso, federaliza os crimes contra os direitos humanos, estabelece como garantia constitucional a razoável duração do processo e determina o fortalecimento da defensoria pública, institucionaliza súmulas vinculantes, inclusive com efeitos extensivos às ações diretas de inconstitucionalidade e, dentre outras coisas, trata dos mecanismos de admissibilidade dos recursos.

Ainda despertando dúvidas quanto aos resultados que produzirá, a Reforma do Judiciário determina alterações em uma

---

[100] GARAPON, Antoine. *Bem julgar*. Ensaio sobre o ritual do Judiciário. Traduzido por Pedro Filipe Henriques. Lisboa: Instituto Piaget, 1997, p. 68-69.

parte considerável do texto constitucional. É cedo para precisar se os resultados serão significativos, especialmente em face da polêmica introduzida por alguns dispositivos. De fato, ela é uma tentativa de fortalecer e modernizar a prestação jurisdicional brasileira que sabidamente tem acontecido de forma acanhada em termos quantitativos e principalmente qualitativos. É fato que o Judiciário viu sua estrutura (física, política, pessoal...) tornar-se inadequada diante dos avanços da sociedade moderna, sem o necessário acompanhamento em termos tecnológicos, administrativos e comportamentais.

Além desses, outros problemas acontecem, todos eles rotulados: "explosão de litigisiosidade", "sobrecarga de legislação" (que muitas vezes é paradoxal e contraditória entre si), "acúmulo de processos", e assim por diante. Verdadeiramente, todos os problemas do Judiciário brasileiro são conhecidos e detectados quando a lentidão e a ineficiência se fazem sentir pelas partes, que, mesmo desconhecedoras dos procedimentos, percebem que a jurisdição não responde de forma adequada. Porém, como já asseverado anteriormente, a EC/45 traz uma série de polêmicas, muitas das quais objetos de ampla discussão (anterior e posteriormente à sua entrada em vigor). Pode-se mencionar, especialmente, a inclusão do inciso LXXVIII[101] no art. 5º do texto constitucional, que repercute em temas já bastante discutidos como "acesso à justiça"[102] e "cidadania".

Porém, não se pode perder de vista que, antes mesmo na inserção do inciso referido ao art. 5º da CF pela EC/45, já se encontrava a garantia constitucional da tutela jurisdicional tempestiva no inciso LXXXV,[103] o que possibilita o acesso à justiça

---

[101] Art. 5º ...

LXXVIII – a todos, no âmbito judicial e administrativo, são assegurados a razoável duração do processo e os meios que garantam a celeridade de sua tramitação.

[102] De fato, o direito ao acesso efetivo tem sido progressivamente reconhecido como sendo de importância capital entre os novos direitos individuais e sociais, uma vez que a titularidade de direitos é destituída de sentido, na ausência de mecanismos para sua efetiva reivindicação. O acesso à justiça pode, portanto, ser encarado como o requisito fundamental – o mais básico dos direitos humanos – de um sistema jurídico moderno e igualitário que pretenda garantir e não apenas proclamar os direitos de todos (CAPPELLETTI, Mauro; GARTH, Bryant. *Acesso à justiça*. Traduzido por Ellen Gracie Northfleet. Porto Alegre: Sérgio Antônio Fabris, 1988, p. 11-12).

[103] LXXXV – A lei não excluirá da apreciação do Poder Judiciário lesão ou ameaça a direito.

e, numa interpretação extensiva, a uma justiça adequada e tempestiva.[104] Aliás, as imbricações entre tutela jurisdicional e tempo são visíveis, especialmente quando a primeira é vista como uma resposta estatal às expectativas sociais e normativas e como uma forma importante de proteção do indivíduo à lesão ou ameaça de lesão através do direito de ação. No entanto, essas imbricações tornam-se frouxas e débeis quando se verifica que a tutela jurisdicional acontece "a destempo". Tal afirmativa se deve ao fato de que o tempo, assim como perpetua situações de litígios e corrói direitos (que não são tutelados de forma adequada e "a tempo"), tem o poder de inferir na concepção processual, uma vez que se torna grande controlador da máquina judiciária.[105] Desse modo, existe a possibilidade de limitar essa influência temporal através de dispositivos processuais de urgência, como os processos cau-

---

[104] Assim, "uma leitura mais moderna, no entanto, faz surgir a idéia de que essa norma constitucional garante não só o direito à ação, mas a possibilidade de um acesso efetivo à justiça e, assim, um direito à tutela jurisdicional adequada, efetiva e tempestiva. Não teria cabimento entender, com efeito, que a Constituição da República garante ao cidadão que pode afirmar uma lesão ou uma ameaça a direito apenas e tão-somente uma resposta, independentemente de ser ela efetiva e tempestiva. Ora, se o direito de acesso à justiça é direito fundamental, porque garantidor de todos os demais, não há como imaginar que a Constituição da República proclama apenas que todos têm direito a uma mera resposta do juiz. O direito a uma mera resposta do juiz não é suficiente para garantir os demais direitos e, portanto, não pode ser pensado como garantia fundamental de justiça" (MARINONI, Luiz Guilherme. Garantia de tempestividade da tutela jurisidicional e duplo grau de jurisdição. In: CRUZ; TUCCI, José Rogério. *Garantias constitucionais do processo civil*. São Paulo: RT, 1999, p. 218).

[105] As relações temporais/processuais precisam ser analisadas levando em consideração que "o tempo do processo judicial é o tempo diferido, encarado como sinônimo de segurança e concebido como uma relação de ordem e autoridade, representada pela possibilidade de esgotamento de todos os recursos e procedimentos numa ação judicial. Cada parte intervindo no momento certo, pode apresentar seus argumentos e ter a garantia de ser ouvida na defesa de seus interesses. O tempo diferido, nesta perspectiva, é utilizado como instrumento de certeza, na medida que impede a realização de julgamentos precipitados, sem o devido distanciamento com relação aos acontecimentos que deram margem à ação judicial. Já o tempo da economia globalizada é o tempo real, isto é, o tempo da simultaneidade. À medida que se torna mais complexa, gerando novas contingências e incertezas, a economia globalizada obriga os agentes a desenvolver intrincados mecanismos para proteger seus negócios, capitais e investimentos da imprevisibilidade e do indeterminado. A presteza se converte assim numa das condições básicas para a neutralização dos riscos inerentes às tensões e aos desequilíbrios dos mercados, o que leva a um processo decisório orientado pelo sentido da vigência e baseado tanto na capacidade quanto na velocidade de processamento de informações técnicas e altamente especializadas" (FARIA, José Eduardo e KUNTZ, Rolf. *Estado, sociedade e direito. Qual o futuro dos direitos? Estado, mercado e justiça na reestruturação capitalista*. São Paulo: Max Limonada, 2002, p. 35).

telares, as tutelas antecipadas ou específicas, que podem garantir a forma mínima do processo.[106]

O inciso LXXVIII no art. 5º determina uma garantia constitucional que deve ser executada desde logo, sem o risco de esperar por ações legislativas posteriores que lhe venham a dar carga eficacial. O dispositivo em comento guarda especial importância em quatro aspectos: (1) torna obrigatória a prestação jurisdicional em um prazo razoável;[107] (2) estabelece ainda que de forma indireta, que prazo razoável é o prazo legal; (3) traz também a exigência de meios que garantam a celeridade processual; (4) por fim, introduz um conjunto de determinações relativas à organização do Poder Judiciário que, se implementadas de forma adequada, podem auxiliar decisivamente no cumprimento do mandamento constitucional.[108]

Todavia, resta a pergunta: no que consiste a "razoável duração do processo"? Como deve ser interpretada essa expressão? A resposta poderia considerar duas hipóteses: "a) tempo razoável é o tempo legal, expressamente previsto na legislação processual; b) tempo razoável é o tempo médio efetivamente despendido no País, para cada espécie concreta de processo".[109] Nesses casos, a primeira opção reproduz um critério objetivo, sofrendo o desgaste de nem sempre existir, em cada etapa processual, tempo previamente definido em lei. Já a adoção da segunda hipótese traz a

---

[106] Sobre esse assunto, é importante a leitura de SILVA, Ovídio Batista da. *Processo e Ideologia*. O paradigma racionalista. Rio de Janeiro: Forense, 2004 e SILVA, Ovídio Batista da. *Da sentença liminar à nulidade da sentença*. Rio de Janeiro: Forense, 2001.

[107] A Convenção Americana de Direitos Humanos (pacto de San José da Costa Rica, de 22.11.1969), a qual o Brasil aderiu em 26.5.1992, realizando sua ratificação em 25.9.1992 e sua promulgação em 9.11.1992 (Dec. 678), dispõe expressamente em seu artigo 8º, item 1: "Toda pessoa terá o direito de ser ouvida, com as devidas garantias e dentro de um prazo razoável, por um juiz ou tribunal competente, independente e imparcial, estabelecido anteriormente por lei, na apuração de qualquer acusação penal formulada contra ela, ou na determinação de seus direitos e obrigações de caráter civil, trabalhista, fiscal ou de qualquer natureza". É possível afirmar, então, que a determinação de que o processo possua duração razoável e que sejam garantidos meios de celeridade na sua tramitação não é, propriamente, uma novidade no cenário brasileiro. No entanto, a Convenção Americana de Direitos Humanos não foi observada quanto a esse dispositivo.

[108] RODRIGUES, Horácio Wanderlei. Acesso à justiça e prazo razoável na prestação jurisdicional. In: WAMBIER, Teresa Arruda Alvin et al. *Reforma do Judiciário*. Primeiras reflexões sobre a emenda constitucional nº 45/2004. São Paulo: Revista dos Tribunais, 2005, p. 288.

[109] Ibidem, p. 289.

negativa da garantia constitucional, pois a média de duração dos processos no Brasil hoje se encontra muito acima do legal e do razoável.[110]

Nesse mesmo sentido, discutindo a delimitação da expressão "prazo razoável", percebe-se que o seu sentido deve ser "preenchido no caso concreto, tendo como indicativo a melhor e

---

[110] Serve como exemplo da morosidade juridiciária brasileira a recente notícia sobre a demora na tramitação de um processo que, inacreditavelmente, tramita ao longo de 70 anos. Trata-se do processo de inventário de Maria Eduarda Correa Simas, falecida em 31 de agosto de 1935, cuja abertura ocorreu em 29 de agosto de 1938, pelo inventariante Justino Correa Simas. O feito (n° 039/1.030032437-6) tramita na 2ª Vara Cível da Comarca de Viamão. Com a demora no tramitar do feito, as conseqüências foram nefastas: os herdeiros diretos faleceram; os bens foram todos alienados, ou cedidos onerosamente; ocorreu o esbulho de área rural de terceiros, o que determinou por parte dos prejudicados pedidos de providências policiais, bem como a abertura de processo criminal. Situação pior aconteceu em Rio Grande, onde os autos do processo do inventário do comendador Domingos Faustino Correa serão doados definitivamente ao Departamento de Biblioteconomia e História da Fundação Universidade Federal de Rio Grande. A decisão é do Conselho da Magistratura do TJRS. O processo tramitou durante 107 anos e é considerado o mais longo de toda a história do Judiciário do Brasil. O comendador, no leito de morte, mandou redigir seu testamento em 11 de junho de 1873, vindo a falecer 18 dias após. O inventário deu entrada no Foro de Rio Grande em 27 de junho de 1874. O processo tramitou por 107 anos, gerando uma verdadeira corrida atrás do "*ouro*" alegadamente deixado pelo inventariado. Ao longo desse tempo, milhares de "herdeiros" se habilitaram à herança. A meação do comendador jamais foi partilhada aos supostos herdeiros. A solução se deu a partir da designação de um juiz (Carlos Roberto Nunes Lengler) especialmente para presidir, sanear e julgar o feito. Todos os mais de 1.200 volumes processuais foram trazidos a Porto Alegre no início dos anos 80 e, seis meses depois, o processo teve sentença (Editado em Porto Alegre em 20.06.2006 – Editor: Marco Antonio Birnfeld).

Nessa mesma seara, discutindo a duração dos processos na Itália, Caselli e Pepino apontam para os prazos de toda a Europa: Difficile o addirittura impossibili, date le profonde diversità dei rispettivi sistemi, effettuare una comparazione attendibile tra le statistiche giudiziarie del nostro Paese e quelle degli stati europei poi più vicini. In termini approssimati si può, peraltro, affermare che, con sopravvenienze quantitativamente simili, i tempi di definizione dei processi sono, nel resto d'Europa, assai più ridotti che in Italia. Da una recente ricerca dell'Istat risulta, infatti, che la durata media, in primo grado, di un processo civile è di cinque mesi nel Regno Unito, di nove mesi in Francia e in Germania, di dieci mesi in Spagna, mentre per definire, sempre in primo grado un processo penale occorrono pochi mesi nel Regno Unito, un anno in Spagna e due anni, comprensivi la fase istruttoria in Francia (esclusi i processi di Corte d'Assise, che hanno tempi più lunghi). A ciò deve aggiungersi che in tutti paesi considerati il numero e la durata delle impugnazioni sono nettamente inferiori che in Italia (e ciò si riverbera, ovviamente, in modo rilevante sui tempi complessivi dei processi). I dati comparati vanno utilizzati, come si è detto, con prudenza ma, pur con questa avvertenza, sono eloquenti e avvalorano la convezioni che c'è, nel sistema italiano, del patologico (perché si spende poco, perché le risorse sono distribuite irrazionalmente sul territorio, perché i sistemi processuali sono inadeguati, perché si assottiglia il confine tra garanzie e formalismo, e via seguitando) (CASELLI, Gian Carlo; PEPINO, Livio. *A un cittadino che non crede nella giustizia*. Bari-Roma: Laterza, 2005, p. 14).

maior realização da garantia de acesso à justiça na perspectiva de acesso a uma resposta à questão posta qualitativamente adequada e em tempo quantitativamente aceitável".[111] Dessa maneira, fica clara a busca pela celeridade processual permeada pelo tratamento adequado resultante de uma resposta qualificada aos conflitos. Uma decisão judicial, por mais justa e correta que seja, muitas vezes pode tornar-se ineficaz quando chega tarde, ou seja, quando é entregue ao jurisdicionado no momento em que não mais interessa nem mesmo o reconhecimento e a declaração do direito pleiteado. Se a função social do processo, que é o instrumento da jurisdição, é a distribuição da justiça, não há como negar que, nas atuais circunstâncias do Poder Judiciário, a entrega da prestação jurisdicional em tempo oportuno confere credibilidade. Porém, outras estratégias precisam ser desenvolvidas para que se fale no tratamento qualitativamente adequado dos litígios.

Mas, como se sabe, o acesso à justiça não se esgota no acesso ao Judiciário, traduzindo-se no direito de acesso a uma justiça organizada de forma adequada, cujos instrumentos processuais sejam aptos a realizar, efetivamente, os direitos assegurados ao cidadão.[112] É por isso que não basta apenas "garantir o acesso aos tribunais, mas principalmente possibilitar aos cidadãos a defesa de direitos e interesses legalmente protegidos através de um *acto de jurisdictio*".[113] Nessa seara, mesmo que a EC/45 alcance resultados significativos tornando célere o trâmite processual, aproximando a justiça do cidadão, especializando varas para o melhor tratamento de uma parcela de direitos até então pouco observados, valorizando as defensorias públicas (o que implica de

---

[111] BOLZAN DE MORAIS, José Luis. As crises do Judiciário e o acesso à justiça. In: AGRA, Walber de Moura. *Comentários à reforma do poder judiciário*. Rio de Janeiro: Forense, 2005, p. 16.

[112] Uma tarefa básica dos processualistas modernos é expor o impacto substantivo dos vários mecanismos de processamento de litígios. Eles precisam, conseqüentemente, ampliar sua pesquisa para além dos tribunais e utilizar métodos de análise da sociologia, da política, da psicologia e da economia, e ademais, aprender através de outras culturas. O "acesso" não é apenas um direito social fundamental, crescentemente reconhecido; ele é, também, necessariamente, o ponto central da moderna processualística. Seu estudo pressupõe um alargamento e aprofundamento dos objetivos e métodos da moderna ciência jurídica (CAPPELLETTI, Mauro; GARTH, Bryant. *Acesso à justiça*. Traduzido por Ellen Gracie Northfleet. Porto Alegre: Sérgio Antônio Fabris, 1988, p. 13).

[113] CANOTILHO, J. J. Gomes. *Direito Constitucional*. 3. ed. Coimbra: Ed. Coimbra, 2000, p. 423.

forma direta ou indireta na diminuição de custos e na possibilidade de inclusão do cidadão hipossuficiente), deve-se recordar que os mecanismos de tratamento dos conflitos precisam ser revistos. Os resultados atingidos pela Reforma do Judiciário, mesmo que significativos, não evitarão o necessário empreendimento de novos esforços na busca por outras estratégias de tratamento de conflitos, cuja base consensuada possibilite à sociedade retomar a autonomia perdida, conquistando a possibilidade de encontrar respostas para suas demandas.

Conseqüentemente, essas novas garantias constitucionais vêm para integrar o sentido includente que deve ser conferido às normas constitucionais de um País que pretende reduzir desigualdades, erradicar a pobreza, fundar uma sociedade justa e solidária, etc., como forma de integrar a nação em um projeto de sociedade comprometida com a dignidade humana que, como escopo do "constitucionalismo social e democrático de direito", repercute em todos os âmbitos da prestação estatal, seja administrativa ou jurisdicional.[114]

No entanto, o tempo processual único possui vínculos estreitos com a narrativa literária, uma vez que cada juiz, ao decidir, deve se considerar como parceiro de um complexo empreendimento em cadeia (o processo) do qual essas inúmeras decisões, estruturas, convenções e práticas são a história. Conseqüentemente, ele deve interpretar o que aconteceu antes porque tem a responsabilidade de levar adiante a incumbência que tem em mãos e não partir em alguma nova direção.[115] Essa intersecção entre tempo e narrativa, entre o antes e o depois, numa cadeira literária de reconstrução interpretativa é objeto da próxima abordagem.

---

[114] BOLZAN DE MORAIS, José Luis. As crises do Judiciário e o acesso à justiça. In: AGRA, Walber de Moura. *Comentários à reforma do poder judiciário*. Rio de Janeiro: Forense, 2005, p. 18.

[115] Aqui é importante a leitura de DWORKIN, Ronald. *Uma questão de princípio*. São Paulo: Martins Fontes, 2005, p. 238 *et. seq.*

4. O tempo e as dificuldades de contar o Direito: a refiguração da experiência temporal através da narrativa

Tempo e narrativa são correlatos, tal afirmativa ocorre nos escritos de Paul Ricoeur[116] e são posteriormente revisitados por François Ost.[117] Ambos os autores afirmam que a configuração narrativa se encerra numa refiguração da experiência temporal.[118] Justamente para que a experiência temporal receba esse nome, ela não deve se limitar a descrever aspectos implicitamente temporais da remodelação da conduta pela narratividade. É necessário que se acrescente aí a consciência do tempo. Desse modo, para determinar o estatuto filosófico da refiguração do tempo, é preciso examinar os recursos de criação pelos quais a atividade narrativa responde e corresponde à aporética da temporalidade.

---

[116] RICOEUR, Paul. *Tempo e narrativa*. Traduzido por Roberto Leal Ferreira. Campinas: Papirus, 1997. t. 3.

[117] OST, François. *Contar a lei:* as fontes do imaginário jurídico. Traduzido por Paulo Neves. São Leopoldo: UNISINOS, 2004.

[118] Por sua própria estrutura, a narrativa instituía uma confusão entre a consecução e a conseqüência, o tempo e a lógica. Essa ambigüidade é que constitui o problema central da sintaxe narrativa. Existe uma lógica intemporal por trás do tempo da narrativa? [...] A análise atual tende, com efeito, a "descronologizar" o conteúdo narrativo e a "relogificá-lo". Assim, a tarefa consiste em chegar-se a dar uma descrição estrutural da ilusão cronológica; cabe à lógica narrativa dar conta do tempo narrativo. Poder-se-ia dizer, de outro modo, que a temporalidade não é senão uma classe estrutural da narrativa (do discurso), exatamente como, na língua, o tempo existe apenas sob a forma de sistema; do ponto de vista da narrativa, aquilo que chamamos tempo não existe, ou pelo menos não existe senão funcionalmente, como elemento de um sistema semiótico: o tempo não pertence ao discurso propriamente dito, mas ao referente: a narrativa e a língua só conhecem um tempo semiológico; o "verdadeiro" tempo é uma ilusão referencial, "realista" (BARTHES, Roland. *A aventura Semiológica*. Traduzido por Mário Laranjeira. São Paulo: Martins Fontes, 2001, p. 124).

Finalmente, observa-se que a refiguração efetiva do tempo o humaniza pelo entrecruzamento da história e da ficção. Essa refiguração ocorre na maneira através da qual a história e a ficção, em conjunto, oferecem às aporias do tempo reveladas pela fenomenologia a réplica de uma poética[119] da narrativa. Essa maneira única através da qual a história responde às aporias da fenomenologia do tempo consiste na elaboração de um terceiro-tempo (propriamente histórico) que faz a mediação entre o tempo vivido e o tempo cósmico. Para que tal aconteça, estabelecem-se procedimentos de conexão, tomados da prática historiadora, garantidores da reinscrição do tempo vivido no tempo cósmico, tais como calendários, seqüência das gerações, arquivos, documentos, rastro. É nesse sentido que a narrativa histórica ganha importância, uma vez que se relaciona com eventos que realmente ocorreram no passado, de modo que se pode dizer que o narrado "foi real". É possível perceber o poder que a história tem de refigurar o tempo através do entrecruzamento entre a historicização da narrativa de ficção e ficcionalização da narrativa histórica, dando origem ao que chamamos de tempo humano,[120] e que não é senão o tempo narrado.[121]

Nesse aspecto, a relação histórica com o passado muitas vezes se dá através da invenção documentária, uma vez que, ao inventar documentos, a história tem consciência de se relacionar com acontecimentos realmente ocorridos. Essa consciência faz do documento um "rastro" (ao mesmo tempo um resto e um signo do que foi e não é mais). Por outro lado, é de se observar que "inumeráveis são as narrativas do mundo"[122] podendo ocorrer através da linguagem articulada, oral ou escrita, através de imagens fixas ou móveis, do gesto e da mistura ordenada de

---

[119] Importante ressaltar que Paul Ricoeur utiliza a expressão "poética da narrativa" enquanto outros autores, como Fraçois Ost, Jerome Bruner e Roland Barthes, trabalham as relações entre "narrativa e literatura".

[120] As relações entre a literatura, a linguagem e a humanidade vêm muito bem exposta em: STEINER, George. *Linguaggio e silenzio*. Saggi sul linguaggio, la letteratura e l'inumano. Traduzione di Ruggero Bianchi. Milano: Garzanti, 2006.

[121] RICOEUR, Paul. *Tempo e narrativa*. Traduzido por Roberto Leal Ferreira. Campinas: Papirus, 1997. t. 3, p. 173-177.

[122] Essa afirmação é feita por Roland Barthes ao dar início à discussão sobre "introdução à análise estrutural das narrativas" (BARTHES, Roland. *A aventura Semiológica*. São Paulo: Martins Fontes, 2001, p. 103).

todas as substâncias. A narrativa se encontra presente no mito, na lenda, na fábula, na novela, no conto, na epopéia, na tragédia, no jornal, na conversa, e assim por diante. Mais do que isso: a narrativa está presente em todos os tempos, lugares e em todas as sociedades. A narrativa tem início com a própria história da humanidade. Não existe povo sem narrativa, a comunidade se faz através da narrativa que perpetua suas lendas, suas histórias, sua cultura.

Por que estudar a narrativa num contexto temporal relacionando-a com o Direito? Essa questão pode ser colocada e encontra resposta na constatação de que os processos judiciais são decididos não só baseados em seus méritos legais, mas também na narração de um advogado. Então, se a ficção literária trata com reverência aquilo que lhe é familiar, se pretende conseguir verossimilhança, os contos judiciários devem respeitar os expedientes da grande narrativa se querem obter o máximo do juiz ou do júri.[123]

Um "racconto giudiziario" é um "racconto" narrado no tribunal.[124] Mas os advogados e os juízes não consideram a sua competência narratória. Todos se esforçam para descrever o mínimo de "histórias" possíveis, antes, pelo contrário, são anti-história: limitam-se aos fatos, logicamente evidentes, são avessos aos vôos da fantasia. Todavia, os narradores literários têm uma

---

[123] Un mio amico romanzieri passò alcuni mesi a Napoli per "immedesimarsi" nell'aspetto e negli odori di questa città, in preparazione di un romanzo che vi aveva ambientato. Un avvocato impegnato in una causa farebbe forse bene a immergersi in romanzi e commedie che trattano l'argomento in questione prima di escogitare una strategia processuale (BRUNER, Jerome. *La fabbrica delle storie*. Diritto, letteratura, vita. Roma-Bari: Laterza & Figli Spa, 2002, p. 14-15).

[124] È dunque proprio la narrazione che ci porta a un punto di incontro tra un ordine raccontato dalla apparente certezza delle norme e da mondi della vita, ricchi, plurali, insondati, che sono più grandi e complessi di quanto quella certezza non possa dire. Quel terreno dunque parla di uno scarto tra quello che l'ordine giuridico dice di sé e quello che i mondi della vita si rappresentano; è una sorta di distanza di sicurezza che tra vita e diritto, per usare lessici più consueti, si viene a costruire e che, pur cambiando forma e contenuto, si perpetua costantemente in molte esperienze storiche. Si tratta di una tensione dialettica tra l'una, la vita, e l'altro, il diritto, che è impossibile ridurre alla nota contrapposizione tra fatto e norme. È semplicemente un'altra cosa che lavora su questo scarto attraverso una dimensione che lo rappresenta. Si sedimenta dunque nella narrazione intesa come quella complessa pratica di costruzione di mondi attraverso "testi", quelli normativi e quelli della vita quotidiana che ad essi si rapportano (RESTA, Eligio. *Codici narrativi*. – no prelo)

conduta diversa: a sua tarefa é justamente imaginar e explorar a possibilidade.[125]

As dificuldades de "contar o Direito" não são recentes e podem ser abordadas a partir da constatação de que Direito e literatura possuem relações muito próximas e elos significativos entre si,[126] ainda que inaugurados "sob o signo de um não-acolhimento, ou, pior ainda, de uma censura recuperadora". O poder da literatura determina que, "conscientes do temível poder da ficção, os legistas querem manter os poetas à distância para preservar a integridade do Direito e da justiça". Essa afirmativa dá início à discussão que põe e contrapõe o espaço literário da ficção ao espaço imperativo da ordem posto pelo Direito, argumentando que o primeiro determina a desordem das convenções, suspende as certezas e libera as utopias, enquanto o segundo se esforça por garantir a segurança jurídica: "entre os interesses em disputa, ele decide; entre pretensões rivais, opera hierarquias".[127]

Ocorre que a literatura assume muitos saberes, tornando-se possível afirmar que, independentemente da escola a qual se encontra filiada, é categoricamente realista: "ela é a realidade, isto é o próprio fulgor do real". Entretanto, faz girar os saberes, não os fixa, não fetichiza nenhum deles, lhes dá um lugar indireto e esse indireto é precioso. Permite designar saberes possíveis trabalhando nos interstícios da ciência: a "ciência é grosseira, a vida é sutil, e é para corrigir essa distância que a literatura nos importa". Por outro lado, o saber que ela mobiliza nunca é inteiro nem derradeiro, pois a literatura não diz que "sabe alguma coisa, diz que sabe de alguma coisa". Ou melhor, que "sabe algo das coisas" – que sabe muito sobre os homens.[128] Nesse sentido, o

---

[125] BRUNER, Jerome. *La fabbrica delle storie*. Diritto, letteratura, vita. Roma-Bari: Laterza & Figli Spa, 2002, p. 52.

[126] Il campo del *diritto e letteratura* si occupa, in via generale, della ricognizione di aspetti della problematica e dell'esperienza giuridica esposti nelle opere letterarie e dell'esame del contributo della letteratura nella formazione della cultura giuridica. Esso si occupa, inoltre, della valutazione di ipotesi di estensione dei metodi della critica letteraria all'analisi del ragionamento giuridico e all'interpretazione della norma giuridica e della sentenza giudiziaria (SANSONE, Arianna. *Diritto e letteratura*. Un'introduzione generale. Milano: Giuffrè, 2001, p. 01).

[127] OST, François. *Contar a lei:* as fontes do imaginário jurídico. Traduzido por Paulo Neves. São Leopoldo: UNISINOS, 2004, p. 10-15.

[128] BARTHES, Roland. *Aula*. Tradução e pós-fácio de Leyla Perrone-Moisés. 11. ed. São Paulo: Cultrix, 1978, p. 18-19.

Direito pode se avizinhar da literatura uma vez que também sabe muito sobre os homens, tanto que regula suas ações através da lei. Porém, Direito e literatura são diferentes em vários aspectos.[129]

Uma diferença marcante entre o Direito e a literatura é o fato de que o primeiro produz pessoas e a segunda produz personagens. Desse modo, "a pessoa jurídica é o papel esteriotipado, dotado de um estatuto (direitos e deveres) convencionado. Na encenação que opera da vida social, o Direito endurece o traço – impondo ao indivíduo uma máscara normativa".[130] É assim que o Direito cria padrões de comportamento ao cidadão, rotulando-os de acordo com a conduta que espera deles e com aquela efetivamente desempenhada. Na verdade, o Direito contribui para a instituição do social, no momento em que se transforma num discurso performativo, num tecido de ficções operatórias que exprime o sentido e o valor da vida em sociedade. "Instituir quer aqui dizer estreitar o elo social e oferecer aos indivíduos os pontos de referência necessários à sua identidade e autonomia".[131]

Todavia, o Direito é geral e abstrato (afinal, assim definimos a lei), e a literatura é singular e concreta, e esta é outra grande diferença entre eles. O Direito é o mesmo para todos, enquanto a literatura conta as peculiaridades de cada história. Ainda, a linguagem do Direito é racional e a da literatura é a linguagem da fantasia. Mas então, de que modo o estudo da literatura pode contribuir para o Direito? François Ost explica a estreita relação entre ambos ao apontar a necessidade de se "contar o direito", de "narrar" seus fatos à moda literária. Afirma o "quanto uma comunidade política está ligada a um imaginário histórico partilhado, quanto sua identidade, sua memória e sua capacidade de projeto são devedoras de interpretação do mundo produzida pelas narrativas fundadoras".[132]

---

[129] La letteratura imita con le sue astuzie la realtà convenzionale per creare la verosimiglianza; il diritto lo fa citando il corpus juris e attenendosi ai precedenti (BRUNER, Jerome. *La fabbrica delle storie*. Diritto, letteratura, vita. Roma-Bari: Laterza & Figli Spa, 2002, p. 53).

[130] OST, op. cit., p. 16.

[131] Idem. *O tempo do Direito*. Traduzido por Maria Fernanda de Oliveira. Lisboa: Instituto Piaget, 1999, p. 11.

[132] OST, François. *Contar a lei:* as fontes do imaginário jurídico. Traduzido por Paulo Neves. São Leopoldo: UNISINOS, 2004, p. 29.

Esse imaginário histórico partilhado reflete o tempo instituído por cada comunidade e pode ser distinguido através de duas dimensões: a dimensão identitária e a dimensão imaginária. O tempo instituído como identitário é o tempo de demarcação, de medidas, é o tempo do calendário, com suas dimensões numéricas apoiadas nos fenômenos do substrato natural. Já o tempo instituído como imaginário é o tempo da significação, ou significativo, que mantém com o corpo identitário a relação de inerência recíproca ou de implicação circular que sempre existe entre duas dimensões de toda a instituição social: a dimensão conjunturista-identitária e a dimensão de significação. Assim, o tempo identitário só é tempo porque referido ao tempo imaginário que lhe confere significação de tempo; e o tempo imaginário seria indefinível, irreferível, inapreensível – não seria *nada* fora do tempo identitário.[133] Justamente por isso os juristas não escapam a essa comunidade narrativa que compõe ambas temporalidades (imaginária e identitária),[134] pois no seu interior, no meio de suas significações partilhadas, é que eles operam.[135] As Constituições, por exemplo, que são redigidas, são o relato da moralidade política dessa comunidade.

Nesse sentido, a narrativa é uma arte profundamente popular que maneja crença comum sobre a cultura das pessoas e do seu mundo, sendo assim, se especializa em situações perigosas. Contar histórias é o nosso instrumento para pactuar com a certeza e a estranheza da condição humana e com a nossa com-

---

[133] CASTORIADIS, Cornelius. *A Instituição imaginária da sociedade*. Traduzido por Guy Reynaud. 5. ed. Rio de Janeiro: Paz e Terra, 1982, p. 246-247.

[134] Sobre identidade, tempo e narração, é importante a leitura de LORENZETTI, Roberta. Tempo e spazio nella narrazione autobiografica. In: LORENZETTI, Roberta; STAME, Stefania. *Narrazione e identità. Aspetti cognitivi e interpersonali*. Roma-bari: Laterza, 2004, p. 19-43.

[135] La diversità della letteratura sta nel fatto che pone l'identità come problema di confine, tra possibilità e contingenza. l'identità degli attori come la sua stessa identità. E questo deve essere appreso dalle scienze sociali come movimento di se stesse verso questa dimensione di confine; così la contingenza del sé smette di essere "qualità" dell'oggetto di osservazione, fissata e ingabbiata una volta per tutte, per diventare dispositivo dell'osservatore re-immettendosi nello stesso circuito che descrive. Detto in altre parole le scienze sociali nel parlare dell'identità dovrebbero acquisire "stili narrativi" maggiormente capaci di avvicinare quell'infinito mondo di possibilità che nessuna teoria e nessun sapere disciplinare hanno mai potuto decifrare sotto forma di modelli e di pratiche concettuali già sperimentate. La narrazione riapre il campo dove le scienze, tutte e massimamente quelle giuridiche, sembrano orientate a chiuderlo; quel paradosso soltanto così diventa meno ossessivo e più fecondo (RESTA, Eligio. *Codici narrativi*. No prelo).

preensão imperfeita dessa condição. Assim, as histórias rendem um inesperado menos surpreendente, desse modo, domesticamos o imprevisto, lhe damos uma aura de ordinariedade. Essa domesticação provavelmente seja um meio fundamental para manter a coerência de uma cultura. No final das contas, a cultura prescreve a nossa idéia de ordinário. Entretanto, dada a litigiosidade humana e as imperfeições do controle social, nem sempre prevalece aquilo que é esperado. A transgressão do ordinário traz de volta a narrativa domesticada e se pode vislumbrar que a vitalidade cultural reside na sua dialética, na sua exigência de pactuar ainda que com opiniões opostas e com narrações conflitantes.[136]

Assim, reconhecendo a popularidade da narrativa e a necessidade de "narrar", "contar" o Direito, Ost aponta para a realidade vislumbrada nas faculdades que apenas "analisam" o Direito. Diferencia análise de narrativa ao explicar que o Direito analisado postula, com as forças de um dogma, a diferença irredutível do ser e do dever-ser, da qual decorre a distinção entre fato e Direito. A teoria analítica do Direito apóia-se na aplicação de suas regras numa base de fatos empíricos, devidamente estabelecidos por provas fatuais. Na realidade, essa empiria é amplamente construída pela rede de qualificações convencionais do Direito e o jogo de suas regras constitutivas. Volta à cena, então, a identificação e a personificação que o Direito faz dos indivíduos, como "rótulos", atribuindo-lhes papéis, direitos e deveres que exprimem a natureza real da discursividade jurídica como um todo. Já a teoria do Direito "contado", baseada na teoria dos atos de linguagem, sublinha antes a importância das regras constitutivas, que não se limitam a regular comportamentos já existentes, mas constituem literalmente os comportamentos por ela visados, criando a possibilidade mesma de jogar, habilitando os jogadores, determinado os objetos em disputa, fixando os objetivos do jogo.[137]

---

[136] BRUNER, Jerome. *La fabbrica delle storie*. Diritto, letteratura, vita. Roma-Bari: Laterza & Figli Spa, 2002, p. 102-103.

[137] OST, François. *Contar a lei*: as fontes do imaginário jurídico. Traduzido por Paulo Neves. São Leopoldo: UNISINOS, 2004, p. 44.

Portanto, não é de surpreender que o Direito analisado conceba o raciocínio jurídico de modo formal e dedutivo,[138] no qual a coerência lógica é o ideal. A principal conseqüência foi o desenvolvimento de uma atividade jurisdicional mecânica fomentada, por séculos, objetivando preservar a certeza e a segurança nas decisões. Essa concepção veio baseada na manutenção e defesa da teoria tripartite de separação dos Poderes cujo objetivo era, dentre outras coisas, prevenir o arbítrio do Judiciário. Porém, suas raízes também se encontram deitadas sobre o racionalismo. No entanto, John H. Merrymann[139] esclarece que também tiveram como base o "credo che il diritto possa essere reso chiaro e certo così che l'individuo possa conoscere quali siano i suoi diritti senza dover attendere il risultato di una azione giudiziaria", tudo isso, de acordo com o mesmo autor, porque "la certezza è un aspetto della giustizia, che fu uno degli obiettivi della rivoluzione europea". Na verdade, aspirava-se a uma justiça que seria obtida através de um ordenamento jurídico claro, simples e uniforme em sua aplicação.

Nesse diapasão, a teoria do Direito contado privilegia o espírito do Direito (de modo inverso à teoria do Direito analisado), preocupando-se antes com a "coerência narrativa" do raciocínio, evidenciando a importância da interpretação dos textos e da natureza argumentativa das discussões jurídicas.[140] Tal preocupação se dá principalmente porque, na teoria analítica do Direito (pre-

---

[138] Esse raciocínio tinha por base as afirmações de Descartes quando aconselhava "nunca aceitar como verdadeira nenhuma coisa que eu não conhecesse evidentemente como tal, isto é, em evitar com todo o cuidado a precipitação, só incluindo nos meus juízos o que apresentasse de modo tão claro e distinto à minha mente que não houvesse nenhuma razão para duvidar". Em caso de dúvida, Descartes afirmava: "achei melhor fazer justamente o contrário e rejeitar como absolutamente falso tudo aquilo em que pudesse imaginar a menor dúvida, e isso para verificar se restaria, depois, alguma coisa em minha crença que fosse inteiramente indubitável". O "método" proposto por René Descartes, além de determinar precaução, objetivando certeza e segurança, ainda previa a necessidade de dividir cada uma das dificuldades a serem examinadas em tantas partes quantas fossem possíveis, pondo-as em ordem e começando o trabalho pelos objetos mais simples e mais fáceis de conhecer, posteriormente deveriam ser feitas "enumerações tão completas e revisões tão gerais que tivesse a certeza de não ter omitido nada" (DESCARTES, René. *Discurso sobre o método*. Traduzido por Paulo M. de Oliveira. 8. ed. São Paulo: Atena, [s. d.], p. 28-43, passim).

[139] MERRYMANN, John H. Lo "stile italiano": la doctrina. In: *Rivista trimestrale di diritto e procedura civile*, Milano, Ano XX, 1966, p. 1203.

[140] A cobertura funcional da narrativa impõe uma organização de revezamentos, cuja unidade de base só pode ser um pequeno agrupamento de funções, a que se chama se-

dominante atualmente), percebe-se uma concepção instrumental e utilitarista do racional que não se justifica diante de um homem que não é sempre "necessariamente racional nesse sentido, mas que busca também satisfações simbólicas porque adere a 'significações imaginárias instituintes', um lugar deverá ser dado a um modo complementar de interpretação da sociedade, do qual a teoria do Direito contado constitui um elemento". Servem de ilustração alguns comportamentos irredutíveis a uma explicação em termos de eficácia instrumental, como, por exemplo, os comportamentos estratégicos ou simbólicos: "nos processos judiciais, os protagonistas buscam ao menos tanto 'colocar-se em cena', 'dar-se em representação', obter um reconhecimento simbólico, quanto auferir essa ou aquela vantagem pecuniária".[141] Justamente por isso é importante que o Direito contado reconheça essa face simbólica do Direito, especialmente o seu papel pedagógico.[142]

Além disso, o Direito analisado e o Direito contado/narrado diferenciam-se no plano temporal, uma vez que o primeiro se preocupa mais com as estruturas do que com a história, demonstrando incapacidade de pensar as transições jurídicas; somente o Direito contado integra a dimensão diacrônica do Direito, restituindo o roteiro da narrativa. Por fim, o Direito analisado "que se articula em torno de pirâmides de normas escalonadas de poder, apreende com dificuldade o caso particular e as pessoas individuais, enquanto o ponto de vista inverte-se, evidentemente, no caso do Direito contado". Aqui, é a partir da história singular que o Direito se reconstrói, é a partir do caso particular que sua racionalidade é posta à prova.[143]

---

qüência (BARTHES, Roland. *A aventura Semiológica*. Traduzido por Mário Laranjeira. São Paulo: Martins Fontes, 2001, p. 126).

[141] OST, François. *Contar a lei:* as fontes do imaginário jurídico. Traduzido por Paulo Neves. São Leopoldo: UNISINOS, 2004, p. 45.

[142] La dialettica narrativa di una cultura si esprime anzitutto nelle opere di fantasia degli scrittori e dei commediografi, ed è virtualmente possibile prevedere se, quando e in che modo finirà col trovare espressione nel corpus juris della cultura, che sia nell'epoca tempestosa di Giustiniano o nella nostra. Ma di una cosa possiamo essere certi. È stato sempre importante che le perorazioni giudiziarie e le narrazioni della letteratura abbiano in comune il *medium* della narrativa – forma che mantiene perpetuamente in gioco l'inquieto rapporto di amore-odio tra ciò che è storicamente accertato e ciò che è possibile sul piano della fantasia. Forse è ciò che certi critici del diritto intendono affermare che la narrativa restituisce la legge al popolo (BRUNER, Jerome. *La fabbrica delle storie*. Diritto, letteratura, vita. Roma-Bari: Laterza & Figli Spa, 2002, p. 86).

[143] OST, op. cit., p. 46.

Mas a teoria do Direito contado possui resistências e críticas expostas através do que se pode chamar de "dois riscos": "o perigo de expansão do subjetivismo e a ameaça de fechamento político em um comunitarismo autoritário e intolerante". Esses riscos são reais, mas existem balizas que permitem contê-los. Contra o risco da submersão pela emoção e pelos excessos da paixão, aponta o formalismo jurídico o estrito respeito aos procedimentos, a absoluta necessidade de conformar-se a argumentos "intersubjetivamente válidos": textos de autoria reconhecida e elementos de prova suscetíveis de discussão. Quanto ao perigo de uma coletividade reunida em torno de narrativas fundadoras que lhe conferem identidade, memória e projeto, possibilitando o desenvolvimento de atitudes regressivas de intolerância e de rejeição do outro (maquinações nacionalistas, purificações étnicas e outras guerras santas), deve-se situar na "perspectiva de um comunitarismo moderno e aberto que faz dialogar a identidade narrativa, baseada em histórias coletivas e destinos singulares, e a identidade argumentativa, apoiada sobre normas gerais e razões partilháveis". Conseqüentemente, "cada protagonista passa a dialogar com outras tradições: delineia-se um espaço público de discussão em que se aceita reconstrução crítica das próprias narrativas e o reconhecimento do outro".[144] Esse espaço de discussão revisitado poderá criar uma temporalidade despida do anseio por segurança e certeza, traduzida por um outro tempo de tratamento dos conflitos, mais democrático, baseado na mediação.

---

[144] OST, François. *Contar a lei:* as fontes do imaginário jurídico. Traduzido por Paulo Neves. São Leopoldo: UNISINOS, 2004, p. 47-48.

5. O "tempo da jurisdição" e o "tempo da mediação": a(s) verdade(s) conflitiva(s) e o seu tratamento

Parece dispiciendo apontar as diferenças entre a sistemática processual proposta pelo modelo tradicional de jurisdição e aquela das práticas de ADR, especialmente observadas na mediação. No entanto, algumas devem ser analisadas com especial atenção. Essas características diferenciadoras dizem respeito, dentre outras, à linguagem utilizada pelo mediador, à busca pela verdade e à discussão do tempo enquanto recurso de satisfação da tutela jurisdicional (processualmente falando) e de busca da paz social (quando sua utilização se dá através da mediação).

Nesse sentido, o primeiro pressuposto que se deve levar em consideração é o fato de que o campo da mediação coexiste em separado ao campo do juízo,[145] objetivando que entre ambos haja autonomia.[146] Porém, essa autonomia é relativa, e não absoluta: de fato, por um lado é necessário que os sistemas de justiça e de mediação "conversem", tendo em vista que não são mundos completamente desconexos entre si, mas, por outro lado, é im-

---

[145] O campo do juízo ou "campo judicial", segundo Pierre Bourdie, é o espaço social organizado no qual e pelo qual se opera a transmutação de um conflito direto entre partes diretamente interessadas no debate judicialmente regulado entre profissionais que atuam por procuração e que têm em comum o conhecer e reconhecer as regras do jogo jurídico, ou seja, as leis escritas e não escritas (BOURDIEU, Pierre. *O poder simbólico*. 9. ed. Traduzido por Fernando Ferraz. Rio de Janeiro: Bertrand Brasil, 2006, p. 229).

[146] "Questo vale, innanzitutto, fisicamente, in quanto il servizio di mediazione deve essere collocato in un luogo separato dalla sede del Tribunale; ma vale, più in generale, nel senso che tra giustizia e mediazione bisogna che ci sia autonomia." (RESTA, Eligio. Il linguaggio del mediatore e il linguaggio del giudice. In: *Rivista Mediarres*. Semestrale sulla mediazione. Bari: Dédalo, 1/2003, gennaio-giugno, p. 96).

portante que cada um fale a sua linguagem.[147] Falar a sua linguagem significa ter em mente que ao juiz cabe exercitar o poder de "decidir".[148]

De fato, transformar conflitos inconciliáveis de interesses em permutas reguladas de argumentos racionais entre conflitantes iguais está inscrito na própria existência de um grupo juridicamente "especializado", dentre os quais se pode citar o juiz, o perito, o advogado e o promotor. Este grupo especializado se encarrega de organizar, segundo formas codificadas, a manifestação pública dos conflitos, substituindo a visão vulgar dos fatos por uma visão científica[149] e dando-lhes tratamento socialmente reconhecido como imparcial e legítimo, uma vez definido segundo regras formais e coerentes. Assim, a representação que descreve um tribunal como um espaço separado e delimitado em que o conflito se converte em diálogo de peritos e o processo, como um procedimento ordenado com vistas à verdade, é uma boa evocação de uma das dimensões do efeito simbólico[150] do ato

---

[147] Reside aqui, segundo Marco Bouchard e Giovanni Mierolo, a chamada "ambivalência da mediação" que resulta da exigência do Sistema Judiciário se tornar mais flexível, recuperando um contexto colateral de informalidade das relações humanas e da sua real consistência emotiva. Nessa perspectiva, o Sistema Judiciário propõe a recuperação do consenso dos interessados ao estabelecer o seu destino processual (BOUCHARD, Marco; MIEROLO, Giovanni. *Offesa e riparazione. Per una nuova giustizia attraverso la mediazione*. Milano: Bruno Mondadori, 2005, p. 197).

[148] Por isso, adverte Eligio Resta, é necessário que o juiz seja menos arrogante e decida os conflitos com uma certa prudência (RESTA, op. cit., p. 98).

[149] "O desvio entre a visão vulgar daquele que se vai tornar um 'justiciável', quer dizer, um cliente, e a visão científica do perito, juiz, advogado, conselheiro jurídico, etc, nada tem de acidental; ele é constitutivo de uma relação de poder, que fundamenta dois sistemas diferentes de pressupostos, de intenções expressivas, numa palavra, duas visões de mundo" (BOURDIEU, Pierre. *O poder simbólico*. 9. ed. Traduzido por Fernando Ferraz. Rio de Janeiro: Bertrand Brasil, 2006, p. 226).

[150] Sobre o simbolismo do Direito, meio através do qual ele transmite o seu poder, Norbert Rouland escreve: "o Direito não chega até a solicitar as cores para tornar-se mais imperativo? Preta é a roupa dos magistrados e dos auxiliares de justiça, escura a dos forças de polícia. Cores que fazem eco ao uniforme do árbitro e à batina do padre. Todas essas personagens estão aí para lembrar a regra e, se preciso, forçar a sua observação. O fúnebre não está longe. Mas também o vermelho, a cor de que gosta o poder (pensemos nos púrpuras imperial e cardinalício, nos diversos tapetes vermelhos): os magistrados das altas jurisdições se revestem dele; ele colore a capa da maior parte dos códigos franceses; deu seu nome aos sinais de trânsito que prescrevem parar. Ora, a história das cores mostra que o vermelho foi a cor utilizada mais antigamente pelos homens. [...] Cor suprema, em geral símbolo do combate, evoca também a ameaça da pena, que pode suprimir a vida. O direito se impõe até à nossa rotina (ROULAND, Norbert. *Nos confins do direito*. An-

jurídico como aplicação prática, livre e racional de uma norma universal e cientificamente fundamentada.

Enquanto procedimento que busca a verdade dos fatos, o processo não oferece uma comunicação bilateral uma vez que as relações processuais são todas indiretas, veiculadas à representação dos profissionais e endereçadas a um terceiro dotado de poder de decisão. O processo pesquisa, sempre com detalhamento, as formas mais neutras na aquisição da consciência do fato, desconfiando, de modo muito acentuado, da potencial parcialidade de todos os sujeitos que participam de sua reconstrução histórica. O juiz deve garantir a absoluta serenidade valorativa que coincide com a inexistência de pré-juízos, de modo que qualquer valoração que tenha expresso antes de assumir as vestes de julgador o expõe a uma contaminação irremediável. Conseqüentemente, o processo tende a perder a conotação participativa, assumindo um procedimento de elevado conteúdo técnico, burocrático, e formalista.[151] Porém, a linguagem do juiz, traduzida no processo, é aquela de quem deve decidir quando o conflito não pode ser sanado de outro modo.

Isso se dá porque nem todas as relações são mediáveis.[152] Onde os termos pertencem a planos diversos e falta um espaço físico e geométrico comum, faltará, também, a possibilidade de relação: conseqüentemente, é impossível alcançar a mediação.[153] As relações nascidas nesse/desse espaço comum entre os conflitantes é a diferença característica entre o procedimento de mediação e o processo judiciário uma vez que "lo scambio (il contraddittorio) non si sviluppa tra le 'parti del processo' ma tra le 'parti del fatto'".[154] Significa que, enquanto no processo as partes reagem conforme o papel que lhes foi determinado pelo có-

---

tropologia Jurídica da modernidade. Traduzido por Maria Ermantina de Almeida Prado Galvão. São Paulo: Martim Fontes, 2003, p. 6-7).

[151] BOUCHARD, Marco; MIEROLO, Giovanni. *Offesa e riparazione. Per una nuova giustizia attraverso la mediazione*. Milano: Bruno Mondadori, 2005, p. 196-197.

[152] Nesse sentido já argumentava Eligio Resta: "può mediare chi può mediare e si può mediare tutto quello che si può mediare". (RESTA, Eligio. *Il diritto Fraterno*. Roma-Bari: Laterza, 2005, p. 91).

[153] MASSA, T. Il colore della fratellanza. Riflessioni a margine di una proposta di riforma. In: *Questione giustizia*, 1999. n. 4, p. 708.

[154] BOUCHARD; MIEROLO, op. cit., p. 196.

digo ritual do judiciário,[155] no curso da mediação elas participam de uma experiência relacional que as toma como protagonistas diretos, e não representados por um advogado. Essa postura proposta pela mediação oferece aos indivíduos um espaço para diferenciar-se através do procedimento de construção e reconstrução de regras e de contextos, sobretudo através de procedimentos de responsabilização.[156]

De fato, o espaço da *mediação* está, antes de tudo, *no* meio, entre dois extremos. Coincide com sua relação e com sua existência. Compartilham as distâncias e os avizinhamentos. Antes de ser "meio" era, no mundo antigo, *mesotes:* espaço e virtude ao mesmo tempo. Era um estar no meio e, então, um assumir o problema, não distante de recusar o *idios* (do qual *idiota*), que fecha os indivíduos no egoísmo vulgar do seu ponto de vista *privado*; privado justamente no sentido de carente de alguma coisa. Indica, sobretudo, um espaço comum, participativo, que pertence também aos extremos entre os quais se define, mesmo os mais antagônicos e conflitantes; virtude distante da abstração de um *terzieta*[157] e de uma imparcialidade somente imaginárias.[158]

A tão aclamada imparcialidade do mediador deve ser revista levando em consideração que o conflito é, normalmente, a conseqüência de um desequilíbrio, de uma desigualdade. Nesses termos, o mediador tem como função principal o reforço da parte frágil do conflito, reequilibrando, de forma ecológica, a posição dos conflitantes. Assim, se o mediador se arroga poderes de reequilibrar as desigualdades, de reforçar as posições mais frágeis, de conter e redimensionar as pretensões do mais forte, "o requisito da imparcialidade se dissolve no reconhecimento de uma autoridade discricional, *se non di un vero e proprio arbitrio*".[159] O risco talvez seja a degeneração da função de mediador quando exercida por pessoa pouco capacitada que desenvolva sua função

---

[155] Vide GARAPON, Antoine. *Bem julgar*. Ensaio sobre o ritual do Judiciário. Traduzido por Pedro Filipe Henriques. Lisboa: Instituto Piaget, 1997.

[156] CERETTI, Adolfo. Progetto per un ufficio di mediazione penale. In: GIANVITTORIO, P.; ANTONUCCI, D. *La sfida della mediazione*. Padova: CEDAM, 1997, p. 95.

[157] Em italiano, "terzietà" significa a qualidade de ser o terceiro, isto é, imparcial.

[158] RESTA, Eligio. *Il diritto Fraterno*. Roma-Bari: Laterza, 2005, p. 88-89.

[159] BOUCHARD, Marco; MIEROLO, Giovanni. *Offesa e riparazione. Per una nuova giustizia attraverso la mediazione*. Milano: Bruno Mondadori, 2005, p. 213.

com prevaricação. No entanto, o verdadeiro antídoto reside no princípio do consenso que liga o mediador às partes e, na falta de atributos jurídicos, se legitima por aqueles que lhes vêm reconhecidos pelas próprias partes.

Essa imparcialidade imaginária acontece quando se esquece que o mediador possui um papel que é estar no meio, compartilhar, e até mesmo "sporcarsi le mani".[160] São muito comuns as repetições de que o mediador é imparcial na relação com as partes e é neutro no desenvolvimento da mediação. Com isso, ele se confunde com o juiz, mas sem os seus poderes e as suas prerrogativas; tornando-se um mínimo e, ainda mais, de formato reduzido. É um erro freqüente e quase ritual que faz perder o sentido real da mediação, que é totalmente oposta a esta invocação da qualidade de ser terceiro: o mediador que se coloca como tal deixa de ser mediador e assume uma posição estranha, *super partes*, incapaz de assumir o litígio como o elemento comum, que é também o meio simbólico a ser transformado e reutilizado para reativar a capacidade comunicativa. Um mediador que faz os interesses de um ou de outro promove a falência da mediação e perde a sua identidade. A mediação é outra; é um ficar inserido entre as partes e não encontrar um espaço neutro e eqüidistante[161] no qual resida a grande utopia do moderno, que é ter a qualidade de terceiro.[162]

Assim, enquanto o juiz é pensado, nos sistemas modernos, como o *"nec utrum, nem um, nem outro, nem isto nem aquilo"*, justamente neutro, o mediador deve ser *"isto e aquilo"*, deve perder a neutralidade e perdê-la até o fim.[163] Enquanto as partes

---

[160] Em português, "sujar as mãos". Eligio Resta não admite a atribuição de uma postura neutra e imparcial ao mediador que o coloque na mesma posição do magistrado, reiterando que, para mediar é preciso estar no "meio do conflito" e não "sobre ele", "sujando as mãos" (RESTA, op. cit., p. 89 *et seq.*).

[161] Por isso, a "eqüidistância" atribuída à figura do mediador deve ser vista como uma características que envolve imparcialidade, neutralidade e inexistência de poder, levando em consideração, porém, que "il mediatore non può essere assolutamente asettico, in quanto la sua presenza non è passiva, ma egli svolge un ruolo attivo dando il proprio aiuto affinché le parti giungano al riconoscimento di obiettivi comuni" (PELLEGRINI, Stefania. *Il processo civile e la civile giustizia*. Padova: CEDAM, 2005, p. 93).

[162] RESTA, Eligio. *Il diritto Fraterno*. Roma-Bari: Laterza, 2005, p. 89.

[163] "Ancora una volta la distanza tra il mediatore e il giudice sta tutta nella differenza che intercorre tra la separazione e il legame. Il giudice separa mentre il mediatore fallisce il giudice ricupera appieno – di fronte alla persistenza del conflitto – la sua funzione di

litigam e só vêem seu próprio ponto de vista, o mediador pode ver as diferenças comuns aos conflitantes e recomeçar daqui, atuando com o objetivo das partes retomarem a *comunicação*, exatamente o *múnus* comum a ambas. O mediador torna-se meio para a pacificação, remédio para o conflito, graças ao estar *entre* os conflitantes, nem mais acima, nem mais abaixo, mas no seu *meio*.[164]

Todavia, não obstante o mediador e o juiz possuírem papéis diferenciados, não obstante o processo judicial e o procedimento de mediação portarem características e rituais diversos e autônomos, não se pode ignorar que processo e mediação se combinam em uma relação complexa de formalidade/informalidade que não permite apresentar a mediação como uma simples alternativa à justiça tradicional, nem também como um procedimento que reivindica uma total autonomia, mas como um lugar de exercício da interdisciplinaridade e da interpenetração de diferentes modalidades de regulação social. Assim, a mediação, longe de fazer concorrência ao processo judiciário, contribui para salvar o Direito.[165]

A ritualidade diferenciada entre a mediação e o processo se dá principalmente em duas linhas: a primeira diz respeito ao fato de que o processo sempre trabalha com a lógica de ganhador/perdedor. Num segundo momento, a ritualidade do processo tem por objetivo (além de dizer quem ganha e quem perde a demanda) investigar a "verdade real dos fatos", enquanto a mediação pretende restabelecer a comunicação entre os conflitantes, trabalhando com a lógica ganhador/ganhador.

Nesse sentido, o processo, enquanto busca da verdade, produz/reproduz a violência.[166] A verdade não pode ser imposta por

---

risolutore delle controversie. I questa prospettiva, il giudice no pregiudica i diritti e gli interessi con una preposizione ma è destinato a pregiudicare almeno quelli accampati da una delle parti. Il mediatore soccorre il legame, riequilibra il rapporto che vive sullo sfondo del conflitto ma non pregiudica né pregiudica, né interessi né diritti" (BOUCHARD, Marco; MIEROLO, Giovanni. *Offesa e riparazione. Per una nuova giustizia attraverso la mediazione*. Milano: Bruno Mondadori, 2005, p. 214).

[164] RESTA, op. cit., p. 90.

[165] GARAPON, Antoine. Droit, mediation et service public. In: *Informations sociales*, n. 22. 1992, p. 47.

[166] Nestes termos, Clastres afirma que o Estado impede a guerra, mas, paradoxalmente, a guerra impede o Estado. Como? A guerra permite a cada comunidade continuar unida em

uma decisão, tampouco pode ser descoberta pela violência.[167] A procura da verdade, nos termos que a ciência mecanicista coloca, é por si mesma violenta, tornando-se uma forma de manipulação do mundo e dos outros. E não importa que tentemos distinguir entre verdade como correspondência fática e verdade como interpretação, ambas são manipuladas. Ninguém sabe o que vai acontecer. Ninguém pode predizer o real, ele é imprevisível. As verdades, como momentos predizíveis do saber da ciência, são uma ficção, mito destinado a satisfazer nossa criança insatisfeita e os lugares de medo; e com as quais pretendemos dotar de sentido o sem sentido da existência.[168]

À discussão sobre a verdade, Elígio Resta associa um outro fator determinante: o tempo, salientando que se alcança a verdade processual "per stanchezza".[169] Explica sua afirmação dizendo que, com a passagem dos dias (muitas vezes vãos) e em função da pressa com a qual estamos habituados a viver, o tempo se torna um recurso escasso se comparado com a exigência necessária para a pesquisa que a verdade exigiria. Nestes termos, afirma o autor que não é a verdade que define e condiciona o tempo, mas o tempo que define a verdade. Alcançamos, assim, a verdade por inflação de tempo ou, ao contrário, por uma irredutível escassez. As questões de maior longevidade são seguidamente resolvidas não porque se junte as provas e as demonstrações definitivas, mas porque, simplesmente, não existe mais tempo: "non abbiamo tempo!".[170]

---

torno de seus valores e prevenir o processo fatal de divisão social. O Estado, ao contrário é o produtor dessa divisão social que conduz à especialização do poder político que ele maximiza. Assim, é lógico que o Estado seja contra a guerra, tornando-se um falso pacificador: extingue uma violência dirigida para o exterior pela guerra em proveito de uma outra, interna, que põe em movimento as engrenagens da dominação e da exploração no interior das sociedades (CLASTRES, P. *Recherches d'anthropologie politique*. Paris: Le Seuil, 1980, p. 171-207, *passim*).

[167] Aqui se faz menção ao monopólio da coerção assumido pelo Estado que, na tentativa de extirpar a vingança através da institucionalização do poder, disciplina a violência mediante a sua racionalização, conforme definição de Max Weber.

[168] WARAT, Luis Alberto. *Epistemologia e ensino do direito*. O sonho acabou. Florianópolis: Fundação Boiteux, 2004. v. 2, p. 17-18.

[169] "Por cansaço".

[170] RESTA, Eligio. Le verità e il processo. In: MARINI, Alarico Mariani. *Processo e verità*. Pisa: Plus, 2004, p. 33.

Diverso do processo e do seu tempo[171] (cuja expectativa é alcançar a verdade), a mediação é um procedimento de sensibilidade que institui um novo tipo de temporalidade. "O tempo instituído como tempo da significação, da alteridade, que me reconstitui como singularidade em devir". Do tempo "do devir fazer da singularidade, do tempo que aproxima os conflitantes do que realmente sentem, conduzindo-os rumo ao centro recalcado dos próprios afetos".[172]

No espaço informal da mediação, a memória e os sentimentos dos conflitantes não se encontram bloqueados. O espaço mediativo não tem por objetivo reconstruir uma verdade, pois se reconstituem várias verdades possíveis. Assim, elas se modificam à medida que os atores se exprimem: as verdades se acomodam, se ajustam. De fato, na mediação, o objetivo não pode ser a verdade, uma vez que as verdades podem ser diversas. Uma mediação alcançada não traduz um acordo sobre a verdade efetivamente correspondente à exata dinâmica dos fatos. Em outros termos, o importante é que as partes concentrem-se sobre uma reconstrução dos fatos que as satisfaça. Este é o ponto central: não está dito que devam reconstruir exatamente a verdade, o importante é que tenham reconstruído a verdade que as contente, momentaneamente, provisoriamente, no tempo de um aperto de mão. Não se reconstroem amizades em uma sala de mediação, os mediadores não são os dramaturgos do conflito. Porém, podem oferecer uma contribuição importante para uma comunicação temporal melhorada.[173]

---

[171] Nesses termos, Garapon diferencia o tempo processual e o tempo da arbitragem "pelo facto de pressupor a intervenção soberana da cidade. Essa soberania manifesta-se mediante a criação, graças à intercessão do símbolo, de um tempo não linear, de um tempo extraordinário próximo da criação, oposto ao tempo ordinário, que aproxima implacavelmente os homens da sua morte. Tal como qualquer ritual, o processo inverte o curso do tempo. Luta assim contra a finitude devido à sua capacidade para produzir um tempo original, isto é, um tempo que ainda não foi esbatido pelos anos, um tempo indeterminado. O tempo original é o tempo da criação". (GARAPON, Antoine. *Bem julgar*. Ensaio sobre o ritual do Judiciário. Traduzido por Pedro Filipe Henriques. Lisboa: Instituto Piaget, 1997, p. 63).

[172] WARAT, Luis Alberto. *Epistemologia e ensino do direito*. O sonho acabou. Florianópolis: Fundação Boiteux, 2004. v. 2, p. 30-31.

[173] BOUCHARD, Marco; MIEROLO, Giovanni. *Offesa e riparazione. Per una nuova giustizia attraverso la mediazione*. Milano: Bruno Mondadori, 2005, p. 226.

Aqui se pode entabular as diferenças entre o "tempo da jurisdição" e o "tempo da mediação". O primeiro é um tempo dilatado, que se detém na espera sempre de um outro juiz, que faz parte da lógica paradoxal da dupla ligação que deseja sempre a palavra definitiva, mas que permanece na espera de controles posteriores.[174] É o tempo da necessidade, uma vez que, na realidade, já aconteceu tudo, tornando-se prioridade, nesse momento, evitar o pior. Já na mediação se trabalha com a necessidade de encontrar um outro tempo, já que a temporalidade conflitiva precisa do execício de prudência e de paciência nos quais não se decide o tempo do alto, mas da possibilidade de dois conflitantes de encontrar um tempo diferenciado.

É por isso que não se admite tempo fixado para a mediação.[175] Quem poderá dizer qual é o tempo necessário para (re)estabelecer a comunicação? Aliás, qual é exatamente o tempo da mediação? "Onde se coloca a possibilidade, para as duas partes, de uma tomada de consciência lenta, progressiva, carnal, se podemos dizer, do conjunto de seu problema?". Sem essa consciência, não se tem mais do que um caso abstrato a resolver sem nenhum processo de responsabilização pessoal daqueles que estão presentes. E vai-se reduzir os mediadores a ser como certos médicos que devem "agir no ato"? Pode-se compreender, então, que isto é estritamente contraditório com a verdadeira mediação. Nestes termos, para aqueles que afirmam: "a lentidão atual da justiça é inacreditável", nasce o remédio milagroso: a mediação. Urgência, urgência! O termo "urgência" "ganha hoje o conjunto do campo social", e os problemas de fundo perdem-se na urgência.[176]

Assim, o tempo se torna uma metáfora na qual vêm envolvidas muitas coisas, dentre elas, e sobretudo, a identidade das pessoas. Esse tempo se mistura sob uma alternativa, que é deci-

---

[174] Nesse sentido, ver ALPA, Guido. *L'arte di giudicare*. Roma-Bari: Laterza, 1996.

[175] No entanto, os projetos de lei sobre mediação que tramitam no Brasil prevêem um prazo de 60 dias para a realização da mediação prévia e o mesmo prazo para que o requerido retome o processo judicial no caso da mediação ocorrer no curso do mesmo.

[176] SIX, Jean François. *Dinâmica da mediação*. Traduzido por Giselle Groeninga de Almeida, Águida Arruda Barbosa e Eliana Riberti Nazareth. Belo Horizonte: Del Rey, 2001, p. 149 *et seq*.

siva, entre a realidade e a possibilidade.[177] Em função do rito, o processo introduz um corte cerimonial no tempo. De fato, todo ritual é um ato de instituição. Cada processo – tal como qualquer rito de instituição – investe um ator social num novo papel positivo ou negativo e redefine estatutos, perfilando um papel a que são inerentes obrigações e direitos. Posto isto, percebe-se melhor a alquimia pela qual o ritual transforma a linha – necessariamente arbitrária – demarcada pelo Direito em separação tida como justa pelo grupo social. A legitimidade, que tanta preocupação gera nos tempos que correm, deve preocupar-se primeiro com essa base ritual. Ao assinalar, por força de um rito de instituição, um *antes* e um *depois*, o ritual judiciário estabelece um marco essencial. Esse marco, esse rito judiciário, associado ao Direito organizam o mundo. O Direito multiplica a realidade, atribuindo-lhe categorias, nomeando coisas e seres, objetivando agir sobre eles. "Substitui o carácter informe da vida pela coerência da sua linguagem actuante, que depura a realidade das suas contradições e da sua opacidade, de forma a ordená-la segundo categorias simples e operacionais". Os bens são móveis ou imóveis; as ações judiciais são patrimoniais ou extrapatrimoniais, as sentenças são declarativas, constitutivas, as partes são dividas em autor e réu, e assim por diante. O ritual judiciário, o "tempo da jurisdição", separa um interior de um exterior, um "antes" de um "depois", a intenção do ato, o desejo da vontade manifesta, os fatos sociais da cientificidade do veredito.[178]

À mediação não cabe efetuar cortes temporais ou buscar verdades "reais" e únicas. Desenvolve seu papel no sentido tão somente de pôr em contato os conflitantes, facilitando a comunicação direta entre eles sem, necessariamente (ainda que possível), a intervenção de terceiros (como os advogados) no tratamento do conflito. Por conseguinte, a mediação trabalha com um novo paradigma no qual os conflitos são entendidos como acontecimentos que fazem parte de eventos comunicativos e, como tal, tratáveis se restabelecida/mantida a comunicação. Essa comunicação se define, então, mediante procedimentos verbais e não-

---

[177] RESTA, Eligio. Il linguaggio del mediatore e il linguaggio del giudice. In: *Rivista Mediarres*. Semestrale sulla mediazione. Bari: Dédalo, 1/2003, gennaio-giugno, p. 101.

[178] GARAPON, Antoine. *Bem julgar*. Ensaio sobre o ritual do Judiciário. Traduzido por Pedro Filipe Henriques. Lisboa: Instituto Piaget, 1997, p. 70-71.

verbais de fluxo constante que permitem conhecer, reconhecer e estimular formas de operar através das quais as partes possam criar, manter, negociar, mediar e transformar suas realidades sociais.

É justamente isso que propõe a mediação: um espaço para acolher a desordem social, um espaço no qual a violência e o conflito possam transformar-se, um espaço no qual ocorra a reintegração da desordem, o que significaria uma verdadeira revolução social que possa refutar o espírito, os usos e os costumes pouco democráticos e pouco autônomos impostos aos conflitantes. A mediação oferece tudo isso, a sua especificidade e a sua função essencial é justamente acolher a desordem.[179] De que modo? O conflito é a manifestação mais representativa da desordem (independentemente se individual ou coletivamente), para que possam tratá-lo, as partes devem estar conscientes do caráter excepcional do encontro que emerge da mediação. No curso do procedimento de mediação, a cólera, as diferenças (não reconhecidas ou não aceitas), os desejos obstaculizados e a violência têm o direito de existir. Os mediadores se encontram em frente a um perseguido e a um perseguidor (e vice-versa). Somente uma rigorosa representação do conflito pode acolher a desordem e representar cada momento do drama, deixando o seu espaço e o seu tempo.[180]

A mediação é a melhor fórmula até agora encontrada para superar o imaginário do normativismo jurídico, esfumaçando a busca pela segurança, previsibilidade e certeza jurídicas para cumprir com objetivos inerentes à autonomia, à cidadania, à de-

---

[179] [...] la scommessa del diritto del XXI secolo sta proprio nel rinunciare a imporre un ordine dato ed accettare il disordine come elemento che caratterizza la convivenza umana; o, meglio, si tratta di concepire un ordine fondato sulla ricerca costante del consenso, sui bisogni sociali e individuali espressi (ancorché manipolati) piuttosto che su astratte concezioni del mondo. (BOUCHARD, Marco; MIEROLO, Giovanni. *Offesa e riparazione*. Per una nuova giustizia attraverso la mediazione. Milano: Bruno Mondadori, 2005, p. 194).

[180] MORINEAU, Jacqueline. *Lo spirito della mediazione*. Traduzione di Federica Sossi. Milano: Franco Angel, 2000, p. 56-57.

Sobre o tema: o programa de mediação e sensibilidade pretende que o mediador ajude as partes a desdramatizar seus conflitos, que os transformem para que só restem os sentimentos que acrescentem algo de bom à sua vitalidade interior. Esse programa não é uma técnica, nem uma filosofia ao modo tradicional; ele é uma forma de ver a vida que encontra o sentido da mesma, unicamente, vivendo-a. Falo da mediação como de uma de cultura, um determinante de uma forma de vida (WARAT, Luis Alberto. *Surfando na pororoca*: o ofício do mediador. Florianópolis: Fundação Boiteux, 2004. v. 3, p. 33).

mocracia e aos direitos humanos. Portanto, as práticas sociais de mediação configuram-se em um instrumento de exercício da cidadania, na medida em que educam, facilitam e ajudam a produzir diferenças e a realizar tomadas de decisões, sem a intervenção de terceiros que decidem pelos afetados em um conflito. Falar de autonomia, de democracia e de cidadania, em um certo sentido, é ocupar-se da capacidade das pessoas para se autodeterminarem em relação e com os outros; autodeterminarem-se na produção da diferença (produção do tempo com o outro). A autonomia é uma forma de produzir diferenças e tomar decisões em relação à conflitividade que nos determina e configura em termos de identidade e cidadania; um trabalho de reconstrução simbólica dos processos conflitivos das diferenças que nos permite formar identidades culturais e nos integrarmos no conflito com o outro, com um sentimento de pertinência comum. É uma forma de poder perceber a responsabilidade que toca a cada um em um conflito, gerando devires reparadores e transformadores.[181]

Por isso, a mediação é, essencialmente, um procedimento democrático,[182] porque rompe, dissolve, os marcos de referência da certeza determinados pelo conjunto normativo, postos e expostos de forma hierarquizada. É democrática porque acolhe a desordem – e, por conseguinte, o conflito – como possibilidade positiva de evolução social. É democrática quanto ao fundamento da relação de um com o outro. É uma aposta na diferença entre o tratamento dos conflitos de maneira tradicional (Estado produtor de regulação e de jurisdição, único meio de resposta) para uma estratégia partilhada e convencionada que tenha por base um Direito inclusivo. A mediação aposta numa matriz autôno-

---

[181] WARAT, Luis Alberto. *Surfando na pororoca*. Op. cit., p. 66.

[182] Todavia, críticas existem também quanto aos aspectos democráticos da mediação, que são apontados como meios de possibilitar a dominação sobre os mais fracos, não servindo para restaurar as relações comunitárias, pelo contrário, destruindo-as em razão de sua inspiração essencialmente individualista. Assim, primeiramente concebida para deixar de lado a burocracia judiciária da justiça formal, ela seria substituída por uma nova corporação de profissionais da justiça informal. Porém, não se pode confundir o formalismo e a exigência de formas. O primeiro é estéril, a segunda se constitui em garantias para os pleiteantes "como a checagem dos instrumentos de vôo garante a segurança dos passageiros nos aviões". Ademais, os ritos constituem um comportamento simbólico que se bem utilizados podem introduzir o conflito em um procedimento que visa desarmá-lo, tratá-lo, restaurando a continuidade da troca social (ROULAND, Norbert. *Nos confins do direito*. Antropologia Juiídica da modernidade. Traduzido por Maria Ermantina de Almeida Prado Galvão. São Paulo: Martim Fontes, 2003, p. 143-145).

ma, cidadã e democrática, que seja um salto qualitativo ao ultrapassar a dimensão de "resolução adversária de disputas jurídicas modernas", baseadas no litígio e apoiadas na cientificidade que determina o descobrimento da verdade.

A mediação, como espaço de reencontro, utiliza a arte do compartir para tratar conflitos e oferecer uma proposta inovadora de pensar o lugar do Direito na cultura complexa, multifacetada e emergente do terceiro milênio. Essa proposta diferenciada de tratamento dos conflitos emerge como estratégia à jurisdição tradicional, propondo uma sistemática processual que faça novas e mais abordagens numa realidade temporal inovadora e mais democrática.

6. A reinvenção democrática do tempo: uma nova temporalidade frente à complexidade social

Tempo e Direito relacionam-se com a sociedade, pois não existe tempo fora da história, uma vez que esses três elementos não podem ser isolados tratando-se de uma instituição imaginária, na qual o tempo constrói e é construído, institui e é instituído. Sendo o Direito uma instituição temporal, torna-se importante que a norma jurídica implemente um tempo próprio, carregado de sentido instituinte. O tempo do processo poderá dar uma boa aproximação disso, uma vez que se encontra separado da vida real e ligado a prescrições rituais, o que permite que o julgamento desenvolva os seus efeitos jurídicos e sociais.

Por outro lado, observa-se que o tempo instituído socialmente apresenta uma série de características, dentre elas a possibilidade de demarcar espaços de poder, muitas vezes pouco democráticos (como aqueles espaços de poder/sujeição determinados pela máquina no mundo do trabalho), nos quais os conflitos acontecem e são submetidos ao Estado que, para administrá-los, lança mão de regras cuja temporalidade se encontra ultrapassada. Conseqüentemente, adaptar o texto às circunstâncias variáveis, submetê-lo regularmente à avaliação, enriquecê-lo com previsões jurisprudenciais e doutrinais, todas essas formas de "requestionamento" são perfeitamente legítimas. Nesse contexto, vislumbra-se a falta de certeza de que a mutabilidade legal contemporânea derive sempre desse desejo de afinar as promessas, na maioria dos casos ela explica a ação desinstituinte dos interesses particulares e pela dificuldade de decidir em regimes destroçados pelas forças centrífugas dos *lobbies*. As conseqüências se multiplicam: observa-se uma aceleração caótica da produção normativa e constata-se que certas legislações adotadas não encontram consenso na sua comunidade.[183]

Observa-se, então, a constituição de dois paradoxos: por um lado, se a instituição do Direito positivado e de todo o seu conjunto de rituais tem por objetivo a segurança e a certeza jurídicas, por outro lado, toda a temporalidade que se absolutiza é virtualmente desinstituinte. Conseqüentemente, nossas representações mundanas são atingidas pela relatividade e as certezas são abaladas. O caos se torna a regra.

O desafio que novas mediações político-científicas precisam enfrentar é o de que, longe de se apoiar em previsões futuras, em conhecimentos garantidos, valores estáveis, elas devem decidir em situações de indecidibilidade e orientando um contexto de incerteza, preparando o futuro num mundo de falibilidade agora reconhecido. Assim, inclusive no campo da cooperação social, a indecidibilidade das intenções de uns e outros não impede que as declarações em forma de promessa se revelem necessárias para relançar incessantemente comunicações e convenções. Nestes termos, com a chegada da democracia, o indecidível entra no campo do político da mesma forma que o requestionamento se instala no centro de todos os dispositivos do poder.[184]

A evolução experimentada desde o contrato social apontou a fragilidade dessa contratação e trouxe novos recortes à política representativa. É preciso abordar a atual política representativa adotada pela modernidade ocidental (que se encontra em crise) frente às contradições entre um projeto democrático (observando as incertezas[185] e reais alternativas) que se contrapõe à pretensão

---

[183] OST, François. *O tempo do Direito*. Traduzido por Maria Fernanda de Oliveira. Lisboa: Instituto Piaget, 1999, p. 319-320.

[184] OST, François. *O tempo do Direito*. Traduzido por Maria Fernanda de Oliveira. Lisboa: Instituto Piaget, 1999, p. 331-332.

[185] Aqui, é importante relembrar as palavras de Maria Helena Chauí na apresentação da obra de Claude Leford quando, ao mencionar que a democracia é um regime construído a partir da dissolução de referências de certeza, explica que a democracia tem uma capacidade extraordinária de questionar a si mesma e, com isso, questionar suas próprias instituições, sem dispor de garantias prévias quanto aos resultados da prática política. A democracia é a reinvenção contínua da política (LEFORT, Claude. *A invenção democrática:* os limites do totalitarismo. São Paulo: Brasiliense, 1983, p. 7).

de certeza e de homogeneidade que configuram as relações político-jurisdicionais. Conforme Claude Lefort,[186] a democracia institui-se, essencialmente, pela dissolução dos marcos de referência da certeza, inaugurando uma história na qual os homens estão à prova de uma indeterminação última quanto ao fundamento do Poder, da Lei e do Saber, e quanto ao fundamento da relação de um com o outro, sob todos os registros da vida social.[187]

Este ideário democrático, porém, expôs promessas que não tem alcançado de forma satisfatória, especialmente no concernente à mudança de foco do indivíduo para os grupos de interesse; a organização da sociedade que se descentralizou, dispersando os espaços decisórios; a detenção do poder político (no intuito de sua distribuição o mais amplamente possível) provocou a multiplicação de elites concorrentes entre si, objetivando a dominação política; a representação política ganhou limites através da disciplina partidária; o espaço de tomada de decisões vem atrelado a pressupostos tecnoburocráticos e não a pretensões políticas; a democracia procedimental adotou o ideário do sufrágio universal apenas como dever social e não como um projeto de educação para a cidadania baseada na opinião consciente; enfim, a necessidade de controle do poder que deveria, segundo o ideal democrático, se constituir num espaço de ampla visibilidade, se transformou, ao contrário, num poder invisível, pois "quem controla os controladores?".[188]

Contextualmente, é preciso abordar a democracia como projeto político idealizado para uma sociedade muito menos

---

[186] A democracia sempre duvidou e continua a duvidar de si mesma. Se não o fizesse, estaria em falta com a sua razão de ser. Seus críticos, velhos e novos, julgam que o duvidar de si mesma seja a sua fraqueza, no entanto é, contrariamente, a sua força. Na história do homem, o futuro é imprevisível, sendo necessário estar sempre alerta, esperando pelo pior. A democracia nunca demonstrou a sua superioridade em relação a outras formas de convivência, como nestes últimos anos. A crítica dos escritores democráticos da atualidade à democracia é fruto de uma esperança, talvez demasiadamente frustrada e mesmo de uma certeza, quiçá também demasiadamente segura de si e que veio a faltar. É a inevitável reação aos inesperados e imprevistos obstáculos que parecem insuperáveis (BOBBIO, Norberto. Da democracia. Para uma certa idéia da Itália. In: OLIVEIRA JÚNIOR, José Alcebíades de (Org.). *O novo em Direito e Política*. Porto Alegre: Livraria do Advogado, 1997, p. 113-114).

[187] LEFORT, Claude. *Pensando o político:* ensaios sobre democracia, revolução e liberdade. Traduzido por Eliana M. Souza. Rio de Janeiro: Paz e Terra, 1991, p. 34.

[188] BOBBIO, Norberto. *O futuro da democracia:* uma defesa das regras do jogo. Traduzido por Marco Aurélio Nogueira. Rio de Janeiro: Paz e Terra, 1969, p. 22- 33.

complexa do que a de hoje. Isso determinou o surgimento de obstáculos, dentre os quais se podem elencar: a) a passagem de uma economia familiar para uma economia de mercado e desta para uma economia protegida, regulada, planificada, o que aumentou os problemas políticos que requerem competências técnicas. A presença de especialistas é exigida. Conseqüentemente, "a tecnocracia e a democracia são antitéticas: se o protagonista da sociedade industrial é o especialista, impossível que venha a ser o cidadão qualquer". A democracia sustenta-se sobre a hipótese de que todos podem decidir sobre tudo. Por outro lado, a tecnocracia pretende que sejam invocados a decidir apenas aqueles poucos que detêm conhecimento específico; b) o contínuo crescimento do aparato burocrático, ordenado hierarquicamente do vértice à base e, portanto, diametralmente oposto ao sistema de poder democrático; c) por fim, o problema da ingovernabilidade da democracia, que, em síntese, pode ser explicitado pelo fato de que o Estado Liberal e depois o Estado Democrático contribuíram para emancipar a sociedade civil do sistema político. Essa emancipação fez com que a sociedade civil se tornasse, cada vez mais, uma fonte inesgotável de demandas dirigidas ao governo. A rapidez dessas demandas contrasta com a lentidão que os complexos procedimentos de um sistema político democrático impõem à classe política no momento de tomar as decisões adequadas. Cria-se uma defasagem entre o mecanismo de imissão (mais acelerado) e o mecanismo de emissão (mais lento).[189]

Por outro lado, também é possível falar de uma democracia e de uma cidadania atreladas às gerações de direitos humanos, na qual teríamos uma cidadania da liberdade, vinculada às liberdades negativas, uma cidadania da igualdade, atrelada às liberdades positivas e às prestações públicas, e uma cidadania da fraternidade/solidariedade, ligada aos novos conteúdos humanitários ambientais, de desenvolvimento sustentável, de paz, etc.[190] Da mesma forma, a organização político-estatal do Estado Democrático de Direito vem calcada numa concepção ampla

---

[189] BOBBIO, Norberto. *O futuro da democracia*. Op. cit., p. 35-36.
[190] BOLZAN DE MORAIS, José Luiz *et al*. A democracia dos modernos: crise de representação e novas formas e lugares para as práticas democráticas. In: ROCHA, Leonel Severo; STRECK, Lenio Luiz. *Anuário do Programa de Pós-Graduação em Direito. Mestrado e Doutorado* 2003. São Leopoldo: UNISINOS, 2003, p. 197-222.

com relação aos direitos humanos e fundamentais,[191] que são tidos como pressupostos da estrutura social que, sem eles, corre o risco de se dissolver. Por conseguinte é possível compreender que "a democracia é o regime natural do ser humano, pois é precisamente o regime que se estrutura tendo em vista as características fundamentais da pessoa humana: autonomia, liberdade, igualdade e solidariedade".[192]

Quanto aos locais de exercício da democracia, é preciso saber conjugar e materializar as práticas e conteúdos da cidadania, da democratização no tradicional espaço nacional da modernidade e do Estado Nacional, com o espaço regional/comunitário, produto das aproximações integracionistas/comunitárias, além de expandi-las para o espaço supranacional, seja identificando-o com o espaço das relações privadas, seja o espaço das relações interestatais, bem como compartilhar do esforço de forjar um espaço local/participativo, no qual haja uma transformação radical nas fórmulas das práticas cidadãs e democráticas, aproximando e autonomizando autor e sujeito das decisões, além de localizá-las em formas novas de organização e de exercício dos interesses sociais, tais como as organizações não governamentais. O resultado poderá ser o estabelecimento de uma democracia e de uma cidadania multifacetadas e multipolarizadas.[193]

Essa necessidade de representação e de participação determina o fim da separação entre o político e o não-político e o surgimento de um novo projeto de democracia que deverá ser reinventado cotidianamente e que, perpassando todos os espaços sociais, estará comprometido com a liberdade. "Há uma emersão do político no social ou uma submersão deste naquele. Experimenta-se o desaparecimento de modelos totalizadores do

---

[191] É importante ressaltar que o autor chama a atenção para a confusão que se faz entre direitos humanos e direitos fundamentais afirmando: "quem reduz os direitos humanos aos direitos fundamentais não somente ignora o seu estatuto jurídico-moral, mas também esvazia o seu potencial crítico, exercido na história dos últimos dois séculos, como idéia-força determinante na luta contra o absolutismo, o autoritarismo e o totalitarismo (BARRETO, Vicente de Paula. Perspectivas epistemológicas do Direito no século XXI. In: STRECK, Lenio Luiz; ROCHA, Leonel Severo. *Constituição, sistemas sociais e hermenêutica*: programa de pós-graduação em Direito da UNISINOS: mestrado e doutorado. Porto Alegre: Livraria do Advogado, 2005, p. 245-265).

[192] Ibidem, p. 245-265.

[193] BOLZAN DE MORAIS, op. cit., p. 197-222.

social, ou seja, não há representação de um centro e dos contornos da sociedade (periferia): a unidade não poderia, doravante, apagar a divisão social".[194] Esse compromisso se reflete também no campo da jurisdição, uma vez que, se impossível suplantar de forma definitiva o conflito e a transgressão, a sociedade democrática se forja a partir da sua resolução racional, e não do seu recalcamento. É fundamental entender que a negação do caos depende da negociação cotidiana das tensões.

Porém, não é crível que, numa democracia, a "perenidade formal das regras (que deverão ser normas) assuma contorno de muro que aprisiona os participantes sem limites impeditivos do vislumbre do horizonte [...]". A estabilidade jurídica, na qual se estabelecem as normas de convivência, não pode significar o aprisionamento, o congelamento de um vez por todas de seu conteúdo, o que significaria o fim da democracia.[195] Por conseguinte, alteração e mudança não determinam o caos, mas o retorno às interrogações e uma nova forma de democracia, que precisa ser renovada e consolidada sempre.

Assim, é necessário recordar que enquanto o totalitarismo erradica o conflito e elimina toda a possiblidade de oposição, a democracia baseia-se no pluralismo de opiniões e na sua oposição conflitual. Por conseguinte, a democracia é o regime que, pela primeira vez na história, não se propõe a eliminar os conflitos, e sim a torná-los visíveis e esforçando-se para lhes garantir desfecho negociável com a ajuda de procedimentos aceites. Num regime democrático, o conflito é, pois, interminável (em termos de hierarquia quanto à instauração dos bens primeiros ou sobre os próprios fundamentos do regime). O próprio sujeito encontra-se sempre em situação de poder modificar a sua própria ordem de prioridades, demonstrando a possibilidade de requestionar sua participação nas práticas sociais existentes. Por aí se vê que a de-

---

[194] BOLZAN DE MORAIS, José Luiz. *A subjetividade do tempo:* uma perspectiva transdisciplinar de direito e da democracia. Porto Alegre: Livraria do Advogado, Santa Cruz do Sul: EDUNISC, 1998, p. 92.

[195] BOLZAN DE MORAIS, José Luiz *et al.* A democracia dos modernos: crise de representação e novas formas e lugares para as práticas democráticas. In: ROCHA, Leonel Severo; STRECK, Lenio Luiz. *Anuário do Programa de Pós-Graduação em Direito. Mestrado e Doutorado* 2003, p. 197-222.

mocracia moderna é essencialmente transgressiva, não possuindo base estável.[196]

A democracia é o reconhecimento de que os indivíduos e a coletividades têm o direito de serem atores de sua história e não somente de serem libertados de sua cadeias. Por isso, ela não está a serviço da sociedade ou dos indivíduos, mas dos seres humanos como sujeitos, isto é, criadores de si mesmos, de sua vida individual e coletiva. O pensamento acaba circulando, sem repouso, entre estas duas afirmativas inseparáveis: a democracia apóia-se no reconhecimento da liberdade individual e coletiva pelas instituições sociais; as liberdades individuais e coletivas não podem existir sem a livre escolha dos governantes pelos governados e sem a capacidade de que o maior número possível de pessoas participe da criação e da transformação das instituições sociais.[197]

Dois perigos podem ocorrer a partir da democracia moderna e seu condão transgressor: o primeiro diz respeito à exacerbação do conflito e o segundo se refere à sua ocultação. No primeiro caso, a inexistência de acordo sobre uma regra comum, a falta de referência sobre um mínimo de valores partilhados, a parte degenera e leva à exclusão ou à destruição do adversário que passa a ser tratado como "inimigo". Por outro lado, quando as divergências de interesses são ocultadas, minimizam-se as oposições por detrás de consensos de fachada, cujo maior risco aponta para o desenvolvimento de focos de violência. É necessário dominar essa possível violência sem negá-la, transformar esse antagonismo potencialmente destruidor em um antagonismo democrático, criar uma ordem política num futuro de desordem ameaçadora, aceitar a idéia de que as democracias pluralistas já não trabalham com a concepção unitária de bem comum, representação substancial unânime e permanente da ordem social desejável, mas, ao mesmo tempo, pôr em cena todas as razões que temos para preferir o regime democrático a todos os outros.[198]

---

[196] OST, François. *O tempo do Direito*. Traduzido por Maria Fernanda de Oliveira. Lisboa: Instituto Piaget, 1999, p. 333-334.

[197] TOURAINE, Alain. *O que é democracia?* Traduzido por Guilherme João de Freitas Teixeira. Petrópolis, Rio de Janeiro: Vozes, 1996, p. 34-35.

[198] OST, op. cit., 334-335.

É possível apontar, então, para as fórmulas da chamada democracia participativa que se apresentam como alternativas possíveis de rearticulação de espaços públicos, que constituam uma fonte de autoridade cuja legitimidade ultrapasse até mesmo os esquemas procedimentais característicos da democracia representativa, escapando, inclusive, às insuficiências – outras – que esta enfrenta, em particular no que tange à formação da opinião em sociedades dominadas por sistemas de informação cujo controle público é diminuído ou por fórmulas midiáticas de formatação de consensos.[199]

Por conseguinte, é preciso ir além da garantia formal de espaços institucionais de acesso popular à gestão pública, possibilitando condições de envolvimento em procedimentos com esse fim. Nesse ponto, a questão que se coloca é saber se o Estado deve servir de mediador e gestor do processo ou se depende muito mais da sociedade tal articulação política para estabelecer relações de interlocução e participação no âmbito das ações governamentais, ou mesmo se estamos diante de obrigações recíprocas e isonômicas. É claro que a participação popular no cenário político-governamental é elemento essencial à idéia de democracia contemporânea, o que implica em um conjunto de estratégias de mobilizações sociais que envolvam todos os atores – físicos ou jurídicos – que sejam afetados por qualquer ação ou decisão a ser tomada.

Partindo da trajetória desenvolvida no presente texto, tomando por base as transformações do tempo na modernidade, o fato de instituir e ser instituído pelo Direito, as suas influências sobre o processo e a suas estreitas interligações com a narrativa como meio de refiguração temporal, é possível perceber que a

---

[199] Eugène Enriquez aponta, em sua obra, os meios de controle social que garantem a dominação do soberano. Dentre todos, salienta aquele que denomina: controle pela saturação, assim reconhecida pela repetição indefinidamente que se utiliza de um só meio: "a monopolização da expressão do discurso social e a censura generalizada, que privam todas as classes de seus próprios deveres e meios de expressão. Dessa maneira, não somente as classes (como os grupos sociais e os indivíduos) tornar-se-ão *sem voz* e serão roubados de uma parte essencial de sua existência social, como, ainda, mesmo não mais acreditando no discurso oficial, elas não poderão mais encontrar as *palavras* para exprimir seus pensamentos e, no final das contas, correm o risco de serem privadas completamente de sua capacidade de pensar e de julgar" (ENRIQUEZ, Eugène. *Da horda ao Estado*. Psicanálise do vínculo social. Traduzido por Teresa Cristina Carreteiro e Jacyara Nasciutti. Rio de Janeiro: Jorge Zahar, 1993, p. 283 et seq.).

institucionalização temporal de uma nova democracia precisa necessariamente "desestabilizar, no âmbito do jurídico, a utilização do Direito como meio". Assim, o objetivo deve ser organizar o jurídico, dentro de um estilo democrático, que tenha como base a incerteza, pressupondo que a regulamentação ou o mínimo coercitivo de regulação dos conflitos estejam baseados em estruturas de ação comunicativa digiridas ao entendimento, pois somente a partir de um modelo de normatização baseado no consenso é que se pode estabelecer instituições jurídicas que sejam capazes de compor vínculos com o mundo da vida.[200]

O resultado apontaria para um processo democrático de tratamento de conflitos com base no consenso no qual a democracia como acontecer cotidiano é um compromisso daqueles que dele participam. Desse modo, a democracia implica uma temporalidade social compromissada com a vida e suas incertezas e não apegada à subjetividade instituída por um modelo de racionalidade tecnocrática que se vincula a um tempo disforme, no qual a continuidade delineia a possibilidade da incompletude, da contradição e da diferença que se pode vislumbrar na vida e nos conflitos humanos. Mas, antes de abordar as possibilidades democráticas de tratamento de conflitos em um tempo mais democrático, é preciso discuti-los abordando seus aspectos sociológicos na atual complexidade social.

---

[200] BOLZAN DE MORAIS, José Luis. *A subjetividade do tempo:* uma perspectiva transdisciplinar de direito e da democracia. Porto Alegre: Livraria do Advogado, Santa Cruz do Sul: EDUNISC, 1998, p. 104.

Referências

ALPA, Guido. *L'arte di giudicare*. Roma-Bari: Laterza, 1996.

AMRANI-MEKKI, Soraya. *Le temps et le procès civil*. Paris: Daloz, 2002.

ARENDT, Hannah. *Condição humana*. Traduzido por Roberto Raposo. 10. ed. Rio de Janeiro: Forense, 2004.

AUBERT, Nicole. *Le culte del'urgence*. Paris: Flammarion, 2003.

BARRETO, Vicente de Paula. Perspectivas epistemológicas do Direito no século XXI. In: STRECK, Lenio Luiz; ROCHA, Leonel Severo. *Constituição, sistemas sociais e hermenêutica*: programa de pós-graduação em Direito da UNISINOS: mestrado e doutorado. Porto Alegre: Livraria do Advogado, 2005.

BARTHES, Roland. *A aventura Semiológica*. Traduzido por Mário Laranjeira. São Paulo: Martins Fontes, 2001.

———. *Aula*. Tradução e pós-fácio de Leyla Perrone-Moisés. 11. ed. São Paulo: Cultrix, 1978.

BAUMAN, Zygmunt. *Modernidade líquida*. Traduzido por Plínio Dentzien. Rio de Janeiro: Jorge Zahar, 2001.

BECK, Ulrich. *Risk Society*. Towards a new modernity. Londres: Sage Publications, 1997.

GARAPON, Antoine. *Bem julgar*. Ensaio sobre o ritual do Judiciário. Traduzido por Pedro Filipe Henriques. Lisboa: Instituto Piaget, 1997.

BERGSON, Henri. *Cartas, conferências e outros escritos*. Traduzido por Franklin Leopoldo e Silva. São Paulo: Nova Cultural, 2005. (Os pensadores).

BERMAN, Marshall. *Tudo o que é sólido se desmancha no ar*. A aventura da modernidade. Traduzido por Carlos Felipe Moisés e Ana Maria L. Ioriatti. 2. ed. São Paulo: Companhia das Letras, 1986.

BOBBIO, Norberto. Da democracia. Para uma certa idéia da Itália. In: OLIVEIRA JÚNIOR, José Alcebíades de (Org.). *O novo em Direito e Política*. Porto Alegre: Livraria do Advogado, 1997.

———. *O futuro da democracia:* uma defesa das regras do jogo. Traduzido por Marco Aurélio Nogueira. Rio de Janeiro: Paz e Terra, 1969.

———. *O tempo da memória*. De senectute e outros escritos autobiográficos. Traduzido por Daniela Versiani. Rio de Janeiro: Campus, 1997.

BOLZAN DE MORAIS, José Luis. *A subjetividade do tempo*. Uma perspectiva transdisciplinar do Direito e da Democracia. Porto Alegre: Livraria do Advogado, Santa Cruz do Sul: Edunisc, 1998.

———. As crises do Judiciário e o acesso à justiça. In: AGRA, Walber de Moura. *Comentários à reforma do poder judiciário*. Rio de Janeiro: Forense, 2005.

_____ et al. A democracia dos modernos: crise de representação e novas formas e lugares para as práticas democráticas. In: ROCHA, Leonel Severo; STRECK, Lenio Luiz. *Anuário do Programa de Pós-Graduação em Direito. Mestrado e Doutorado 2003*. São Leopoldo: UNISINOS, 2003.

BOUCHARD, Marco; MIEROLO, Giovanni. *Offesa e riparazione. Per una nuova giustizia attraverso la mediazione*. Milano: Bruno Mondadori, 2005.

BOURDIEU, Pierre. *O poder simbólico*. 9. ed. Traduzido por Fernando Ferraz. Rio de Janeiro: Bertrand Brasil, 2006.

BRUNER, Jerome. *La fabbrica delle storie*. Diritto, letteratura, vita. Roma-Bari: Laterza & Figli Spa, 2002.

CANOTILHO, J. J. Gomes. *Direito Constitucional*. 3. ed. Coimbra: Ed. Coimbra, 2000.

CAPELLA, Juan Ramón. El tiempo del progreso. Coordenadores Josep Aguillò Regla y Maccario Alemany. *Revista DOXA*. n. 9, 1991. Disponível em: <www.cervantesvirtual.com>.

_____. *Os cidadãos servos*. Traduzido por Lédio Rosa de Andrade e Têmis Correia Soares. Porto Alegre: Sérgio Antônio Fabris, 1998.

CAPPELLETTI, Mauro; GARTH, Bryant. *Acesso à justiça*. Traduzido por Ellen Gracie Northfleet. Porto Alegre: Sérgio Antônio Fabris, 1988.

CARNELLI, Lorenzo. *Tiempo y derecho*. Buenos Aires: Lavalle, 1952.

CASELLI, Gian Carlo; PEPINO, Livio. *A un cittadino che non crede nella giustizia*. Bari-Roma: Laterza, 2005.

CASTORIADIS, Conerlius. *Socialismo ou barbárie*: o conteúdo do socialismo. São Paulo: Brasiliense, 1983.

_____. *A instituição imaginária da sociedade*. Traduzido por Guy Reynaud. 3. ed. Rio de Janeiro: Paz e Terra, 1982.

CERETTI, Adolfo. Progetto per un ufficio di mediazione penale. In: GIANVITTORIO, P.; ANTONUCCI, D. *La sfida della mediazione*. Padova: CEDAM, 1997.

COURTINE, Jean-François. *A tragédia e o tempo da história*. Traduzido por Heloisa B. S. Rocha. São Paulo: Ed. 34, 2006.

DELMAS-MARTY, Mireille. *A imprecisão do direito*. Do código penal aos direitos humanos. Traduzido por Denise Radanovic Vieira. Barueri: Manole, 2005.

DESCARTES, René. *Discurso sobre o método*. Traduzido por Paulo M. de Oliveira. 8. ed. São Paulo: Atena, [s. d.].

DOMINGUES, Ivan. *O fio e a trama*. Reflexões sobre o tempo e a história. São Paulo: Iluminuras; Belo Horizonte: UFMG, 1996.

DOSSE, Francois. *A história à prova do tempo*. Da história em migalhas e o resgate do sentido. Traduzido por Ivone Castilho Benedetti. São Paulo: UNESP, 2001.

DWORKIN, Ronald. *Uma questão de princípio*. São Paulo: Martins Fontes, 2005.

ELIAS, Norbert. *O processo civilizador*. Uma história dos costumes. Traduzido por Ruy Jungmann. Rio de Janeiro: Jorge Zahar, 1994. v. 1.

_____. *Sobre o tempo*. Traduzido por Vera Ribeiro. Rio de Janeiro: Jorge Zahar, 1998.

ENRIQUEZ, Eugène. *Da horda ao Estado*. Psicanálise do vínculo social. Traduzido por Teresa Cristina Carreteiro e Jacyara Nasciutti. Rio de Janeiro: Jorge Zahar, 1993.

FARIA, José Eduardo e KUNTZ, Rolf. Estado, sociedade e direito. Qual o futuro dos direitos? Estado, mercado e justiça na reestruturação capitalista. São Paulo: Max Limonada, 2002.

FAROUKI, Nayla. *A consciência e o tempo*. Traduzido por José Luís Godinho. Lisboa: Instituto Piaget, 2000.

FRANK, Jerome. *Derecho e incertidumbre*. Traduzido por Carlos M. Bidegain. Buenos Aires: Centro Editor de América Latina S. A., 1986.

GARAPON, Antoine. *Bem julgar*. Ensaio sobre o ritual do Judiciário. Traduzido por Pedro Filipe Henriques. Lisboa: Instituto Piaget, 1997.

——. Droit, mediation et service public. In: *Informations sociales*, n. 22. 1992. CLASTRES, P. *Recherches d'anthropologie politique*. Paris: Le Seuil, 1980.

GINER, Salvador. In: MARRAMAO, Giacomo. *Poder e secularização*. As categorias do tempo. Traduzido por Guilherme Alberto Gomes de Andrade. São Paulo: Editora Universidade Estadual Paulista, 1995.

GIORGI, Raffaele de. *Tempo, direito e memória*. Traduzido por Guilherme Leite Gonçalves. São Paulo: Quartier Latin do Brasil, 2006.

HOECKE, Mark van; OST, François. Del contrato a la transmisión. Sobre la responsabilidad hacia las generaciones futuras. *Revista DOXA*. n. 22, 1999. Coordinadores Josep Aguillò Regla y Maccario Alemany. Disponível em: <www.cervantesvirtual.com>.

KERN, Stephen. Il tempo e lo spazio. La percezione del mondo tra Otto e Novecento. Bologna: Il Mulino, 1995.

KLEIN, Étienne. *O tempo*. Traduzido por Fátima Gaspar e Carlos Gaspar. Lisboa: Instituto Piaget, 1995.

KRZYSZTOF, Pomian. La crise de l'avenir. Le Débat, 7, decembre, 1980.

LEFORT, Claude. *A invenção democrática:* os limites do totalitarismo. São Paulo: Brasiliense, 1983.

——. *Pensando o político:* ensaios sobre democracia, revolução e liberdade. Traduzido por Eliana M. Souza. Rio de Janeiro: Paz e Terra, 1991.

LIPOVETSKY, Gilles. Tempo contra tempo, ou a sociedade hipermoderna. In: LIPOVETSKY, Gilles; CHARLES, Sebastien. *Os tempos hipermodernos*. Traduzido por Mário Vilela. São Paulo: Barcarolla, 2004.

LORENZETTI, Roberta. Tempo e spazio nella narrazione autobiografica. In: LORENZETTI, Roberta; STAME, Stefania. *Narrazione e identità. Aspetti cognitivi e interpersonali*. Roma-bari: Laterza, 2004.

LUHMANN, Niklas. *Sociologia do direito I e II*. Traduzido por Gustavo Bayer. Rio de Janeiro: Tempo Brasileiro, 1983.

MARINELLI, Vicenzo. Dire il diritto. La formazione del giudizio. Milano: Giuffrè, 2002.

MARINONI, Luiz Guilherme. Garantia de tempestividade da tutela jurisidicional e duplo grau de jurisdição. In: CRUZ; TUCCI, José Rogério. *Garantias constitucionais do processo civil*. São Paulo: RT, 1999.

MARRAMAO, Giacomo. *Céu e terra*. Genealogia e secularização. Traduzido por Guilherme Alberto Gomez de Andrade. São Paulo: UNESP, 1997.

——. *Poder e secularização*. As categorias do tempo. Traduzido por Guilherme Alberto Gomes de Andrade. São Paulo: Editora Universidade Estadual paulista, 1995.

MARX, Karl. *Do capital*. O rendimento e suas fontes. Traduzido por Edgar Malagodi. São Paulo: Nova Cultural, 1996. (Os pensadores).

——; ENGELS, Friedrich. *O manifesto comunista de 1848 & cartas filosóficas*. Traduzido por Karl Von Puschen. São Paulo: Centauro, 2005.

MASI, Domenico de. *O ócio criativo*. Entrevista a Maria Sena Palieri. Traduzido por Léa Manzi. Rio de Janeiro: Sextante, 2000.

MASSA, T. Il colore della fratellanza. Riflessioni a margine di una proposta di riforma. In: *Questione giustizia*, 1999. n. 4.

MERRYMANN, John H. Lo "stile italiano": la doctrina. In: *Rivista trimestrale di diritto e procedura civile*, Milano, Ano XX, 1966.

OLIVEIRA, Rosiska Darcy de. *Reengenharia do tempo*. Rio de Janeiro: Rocco, 2003.

OST, François. *Contar a lei:* as fontes do imaginário jurídico. Traduzido por Paulo Neves. São Leopoldo: UNISINOS, 2004.

———. *O tempo do Direito*. Traduzido por Maria Fernanda de Oliveira. Lisboa: Instituto Piaget, 1999.

———. Tiempo y contrato. Crítica del pacto fáustico. *Revista DOXA*. n. 25, 2002. Coordinadores Josep Aguillò Regla y Maccario Alemany. Disponível em: <www.cervantesvirtual.com>.

PELBART, Peter Pál. *O tempo não reconciliado*. São Paulo: Perspectiva: FADESP, 1998.

PELLEGRINI, Stefania. *Il processo civile e la civile giustizia*. Padova: CEDAM, 2005.

PENROSE, Roger. *A mente nova do rei:* computadores, mentes e as leis da física. Traduzido por Waltensir Dutra. Rio de Janeiro: Campus, 1991.

PIETTRE Bernand. *Philosophie et science du temps*. Paris: Presses Universitaries de France, 1994.

PINTO, Cristiano Paixão Araújo. *Modernidade, tempo e direito*. Belo Horizonte: Del Rey, 2002.

PRIGOGINE, Ilya. *O fim das certezas*. Tempo, caos e as leis da natureza. Traduzido por Roberto Leal Ferreira. São Paulo: UEP, 1996.

PRIGOGINE, Ilya; STENGERS, Isabelle. *Entre o tempo e a eternidade*. Traduzido por Roberto Leal Ferreira. São Paulo: Companhia das Letras, 1992.

REIS, José Carlos. *Tempo, história e evasão*. Campinas: Papirus, 1994.

RESTA, Eligio. *Codici narrativi*. – no prelo.

———. *Il diritto Fraterno*. Roma-Bari: Laterza, 2005.

———. Il linguaggio del mediatore e il linguaggio del giudice. In: *Rivista Mediarres*. Semestrale sulla mediazione. Bari: Dédalo, 1/2003, gennaio-giugno.

———. *Il tempo del processo*. Disponível em: <www.jus.unitn.it/cardozo/rewiew/Halfbaked/Resta.htm>. Acesso em: 01 nov. 2006.

———. Le stelle e le masserizie. Paradigmi dell'osservatore. Roma-Bari: Laterza, 1997.

———. Le verità e il processo. In: MARINI, Alarico Mariani. *Processo e verità*. Pisa: Plus, 2004.

———. O tempo e o espaço da justiça. In: Anais do II Seminário Internacional de demandas sociais e políticas públicas na sociedade contemporânea. Porto Alegre: Evangraf, 2005.

———. *Poteri e diritti*. Torino: Giappichelli Editore, 1996.

RICOEUR, Paul. *Tempo e narrativa*. Traduzido por Roberto Leal Ferreira. Campinas: Papirus, 1997. t. 3.

ROCHA, Leonel Severo. Tempo. In: BARRETO, Vicente de Paulo. *Dicionário de filosofia do direito*. São Leopoldo – RS, Rio de Janeiro – RJ: Editora Unisinos/Renovar: 2005.

RODRIGUES, Horácio Wanderlei. Acesso à justiça e prazo razoável na prestação jurisdicional. In: WAMBIER, Teresa Arruda Alvim et al. *Reforma do Judiciário*. Primeiras reflexões sobre a emenda constitucional n.º 45/2004. São Paulo: Revista dos Tribunais, 2005.

ROULAND, Norbert. *Nos confins do direito. Antropologia Jurídica da modernidade*. Traduzido por Maria Ermantina de Almeida Prado Galvão. São Paulo: Martim Fontes, 2003.

SANSONE, Arianna. *Diritto e letteratura*. Un'introduzione generale. Milano: Giuffrè, 2001.

SANTO AGOSTINHO. *Confissões*. Traduzido por S. J. J. Oliveira Santos, e S. J. A. Ambrósio Pina. São Paulo: Nova Cultural, 1996. (Os pensadores).

SILVA, Ovídio Batista da. *Da sentença liminar à nulidade da sentença*. Rio de Janeiro: Forense, 2001.

──. *Processo e Ideologia*. O paradigma racionalista. Rio de Janeiro: Forense, 2004.

SIX, Jean François. *Dinâmica da mediação*. Traduzido por Giselle Groeninga de Almeida, Águida Arruda Barbosa e Eliana Riberti Nazareth. Belo Horizonte: Del Rey, 2001.

STEINER, George. *Linguaggio e silenzio*. Saggi sul linguaggio, la letteratura e l'inumano. Traduzione di Ruggero Bianchi. Milano: Garzanti, 2006.

WARAT, Luis Alberto. *Epistemologia e ensino do direito*. O sonho acabou. Florianópolis: Fundação Boiteux, 2004. v. 2.

WEBER, Max. *A ética protestante e o espírito do capitalismo*. Traduzido por Irene Szmerecányi e Tamás Szmerecsányi. São Paulo: Pioneira/UnB, 1981.

WEBER, Max. *Economia e sociedade*. Fundamentos da Sociologia Compreensiva. Traduzido por Regis Barbosa e Karen Elsabe Barbosa. Brasília: UNB, 1999. v. 2.

Impressão:
Evangraf
Rua Waldomiro Schapke, 77 - P. Alegre, RS
Fone: (51) 3336.2466 - Fax: (51) 3336.0422
E-mail: evangraf.adm@terra.com.br